GALLIÆ PARS
S. Iuan de luz
Fuentarabia
Renteria
Roncevalles
Narbona
Leucata
Salses
Elna
Colibre
Parpignan
S. Elmo
Pertus
Ionqueras
Rosas
Figueiras
Empurias
Palafigel
Pyrenei montes
NAVARRA
ARAGONIA
CATALONIA
VALENCIA
MURCIA
LOGROÑO
Calahorra
Tudela
Tarazona
Caragoça
Lerida
Balaguer
Manresa
Girona
Barcelona
Blanos
Matarò
Tarragona
Tortosa
Iberus fl.
Ebro rio
Alfaques
Peniscola
Monco libre
Dragonera
MALLORCA
Alcudia
Cabrera
Yuica ins. ol. Ebisus
Formentera ol. Ophiusa
BALEARIDES sive SIAE insule
Cañete
VALENCIA
Cullera
Gandia
Oliva
Denia
C. de Martin Ferraria Pro.
Alicante
ILICITANUS SINUS
SUCRONENSIS SINUS
Cartagena
Formigas
C. de Palos Scombraria Pro.
Orihuela
Elche
Alcoy
Villena
Xativa
Albacete
Chinchilla
Cuenca
CAMPO DE MONTIEL
SIGUENCA
Montalban
Teruel
Segorbe
Morella
Calatayud
Almaçan

Der Jakobsweg

Thorsten Droste Joseph S. Martin

Der Jakobsweg

Geschichte und Kunst
der mittelalterlichen Pilgerroute
durch Spanien

Hirmer Verlag München

Inhalt

Vorwort

Im Jahr 1300 hob Papst Bonifatius VIII. das erste *Heilige Jahr* aus der Taufe. Die Maßnahme sollte die Pilger in Massen nach Rom und dem versprochenen Generalablaß zuführen – in Wahrheit handelte es sich um einen kirchenpolitischen Schachzug gegen den machthungrigen König Philipp den Schönen von Frankreich, der damals großen Druck auf das Papsttum ausübte. Das Kirchenvolk sollte sich hinter seinen Papst scharen. Das Kalkül Bonifatius' ging bekanntlich nicht auf, denn bald nach seinem Tode erzwang der französische König die Umsiedlung des Papsttums nach Avignon ins »Babylonische Exil«, wie es Francesco Petrarca gebranntmarkt hat. Das Heilige Jahr aber blieb als Institution bestehen. Anfangs sollte es nur alle einhundert Jahre begangen werden, später verkürzten sich die Intervalle. Schon bald riefen auch andere Orte, zumeist bedeutende Pilgerzentren, ein eigenes Heiliges Jahr ins Leben: Montmajour in der Provence, Lyon, Canterbury und seit 1426 auch Santiago de Compostela, um nur die wichtigsten zu nennen. Im Zeitalter der Reformation wurden sie mehrheitlich wieder abgeschafft. Als Ausnahmen blieben das Heilige Jahr Roms und jenes von Santiago de Compostela. Diese Tatsache wirft ein Schlaglicht auf die anhaltend hohe Bedeutung von Santiago als einem der nach wie vor bedeutendsten Pilgerzentren der christlichen Welt.

Die Regel ist denkbar einfach: immer wenn der Tag des hl. Jakobus, der 25. Juli, auf einen Sonntag fällt, ist ein Heiliges Jakobusjahr; das war im zurückliegenden Jahrtausend zuletzt 1999 der Fall. 2004 feiert die katholische Christenheit das erste Heilige Jakobusjahr des 3. Jahrtausends unserer Zeitrechnung. Santiago de Compostela sieht erneut den Zustrom unüberschaubarer Pilgermassen. Die nächsten Jakobusjahre sind 2010 und 2021. Insgesamt findet das Jakobusjahr im Durchschnitt 14 mal pro Jahrhundert statt.

Die Wallfahrt nach Santiago de Compostela ist schon früh eine die Staaten Europas übergreifende Bewegung geworden. Das verleiht ihr gerade in unseren Tagen ein hohes Maß an Aktualität. Dieses Buch erscheint nicht nur anläßlich des ersten Heiligen Jakobusjahres im neuen Jahrtausend, sondern zugleich aus Anlaß der Erweiterung der Europäischen Gemeinschaft vor allem nach Osteuropa. Zehn neue Mitgliedsstaaten finden Aufnahme im Europäischen Haus, das sich inzwischen als mehr versteht als nur eine aus wirtschaftlichen Interessen zusammengeführte Familie. Wir werden uns vor dem Hintergrund der Kriege des 20. Jahrhunderts und der durch diese verursachten gewaltsamen Teilungen auf unserem Kontinent, die durch die Umwälzungen der jüngsten Vergangenheit gefallen sind, wieder stärker unserer Gemeinsamkeiten bewußt. Bedeutende Ausstellungen haben seit 1990 unseren Blick auf diese Gemeinsamkeiten gelenkt: *Die Franken – Wegbereiter Europas* (Mannheim 1996/97), *Kunst und Kultur der Karolingerzeit* (Paderborn 1999), *Otto der Große – Magdeburg und Europa* (Magdeburg 2001) und zuletzt *Europas Mitte um 1000*, letztere wurde in den Jahren 2000 bis 2002 nacheinander in Budapest, Krakau, Berlin, Mannheim, Prag und Bratislava gezeigt. Aber auch die Zugehörigkeit Spaniens zur Europäischen Gemeinschaft ist noch verhältnismäßig jung. Das Land hatte sich in den Jahrzehnten nach dem Bürgerkrieg von 1936–1939 isoliert und spielt derzeit eine immer gewichtigere Rolle in der europäischen Völkerfamilie. Es ist uns deshalb wichtig, den Pilgerweg durch Nordspanien nicht isoliert, sondern im kulturgeographischen wie im historischen Kontext der spanischen Geschichte darzustellen. Das erklärt die nach Landschaften vorgenommene Kapiteleinteilung. Zugleich wird deutlich, daß die Pyrenäen, anders als wir heute noch meinen, in früheren Zeiten keine starre Barriere zwischen dem Kontinent und der Iberischen Halbinsel waren. Die Jakobswege des Mittelalters waren Lebensadern, die die Völker und Staaten über alle Grenzen hinweg miteinander verklammerten und auch in Zukunft miteinander in Verbindung halten werden.

Einführung

Jakobus der Ältere und sein Grab – Mythos und Wirklichkeit

Was wir an verbürgten historischen Nachrichten über den Apostel Jakobus besitzen, ist dürftig. Dem biblischen Bericht zufolge war er der Sohn des Fischers Zebedäus und der Maria Salome. Sein Bruder war Johannes, der jüngste unter den zwölf Jüngern Jesu, er selbst, Jakobus, war der älteste in deren Gemeinschaft. Offenbar war er einer der engsten Vertrauten Jesu, denn er war Zeuge von dessen Verklärung, die außer ihm nur noch sein Bruder Johannes und Petrus miterlebten. In der Apostelgeschichte (12, 2) wird lapidar von seiner Hinrichtung (um das Jahr 44 n. Chr.) berichtet. Er wurde als erster der Apostel auf Befehl des Herodes Agrippa enthauptet. Wir erfahren nichts über sein Wirken nach dem Kreuzestod des Herrn, erst recht findet sich nirgends ein Hinweis auf seine zeitweilige Präsenz auf der Iberischen Halbinsel.

Je magerer die Überlieferung ist, desto weiter sind der Legendenbildung Tor und Tür geöffnet. Und keine andere Epoche war gerade dafür empfänglicher als das Mittelalter. Erst im 7. Jahrhundert findet sich die früheste Erwähnung von einer angeblichen Predigertätigkeit des Jakobus in Spanien, mehr als fünfhundert Jahre nach seinem Tod! Später fand die Version Verbreitung, wonach die Jünger des Jakobus den Leichnam des Märtyrers nach Galicien im Nordwesten Spaniens gebracht und dort zur letzten Ruhe gebettet hätten.

Die Auffindung des Apostelgrabes fiel in die Zeit des asturischen Königs Alfons II. (792–842). Nach der Quellenlage ist das Jahr nicht genau zu bestimmen. Mal liest man 813, mal 822, dann wieder etwas vorsichtiger die Zeit um 800. Die zeitliche Parallele zur Kaiserkrönung Karls des Großen, die die Historiker als den Beginn des europäischen Mittelalters definieren, springt jedenfalls ins Auge.

Was war vor Ort geschehen? Erneut müssen wir uns durch das Dickicht legendenhafter Überhöhungen schlagen, historische Fakten bleiben auf der Strecke. Ein Mann namens Pelayo (Pelagius) soll das Grab gefunden haben. Mal wird dieser Pelayo als Hirt bezeichnet, an anderer Stelle liest man, er sei Eremit gewesen. Engel – nach anderer Version himmlische Lichtzeichen – haben ihm auf dem *campus stellae*, dem Sternenfeld, die Stelle bezeichnet, wo er das Jakobusgrab finden werde. Pelayo informierte den Bischof von Iria Flavia (das heutige Padrón), Theodemir, der das Grab unverzüglich aufsuchte und für echt erklärte. Es soll sich um ein marmornes und arkadenverziertes Denkmal gehandelt haben. Theodemir seinerseits setzte König Alfons II. von dem Fund in Kenntnis, der daraufhin über dem Grab eine erste Kirche errichten ließ. Diese muß, nach dem Grabungsbefund zu schließen, ein Bau von bescheidenen Ausmaßen gewesen sein. Noch im 9. Jahrhundert wurde der Bischofssitz von Iria Flavia nach Santiago de Compostela verlegt, und allmählich begann die Ausbreitung des Jakobuskultes. Im Jahr 997 führte ein letzter Vorstoß der Araber unter Al Mansur in die Provinzen Nordspaniens, die den Moslems bereits abgetrotzt worden waren. Auch Santiago wurde erobert und zerstört. Zwar ließ der Feldherr die Glocken von Santiago als Beutegut nach Córdoba bringen, das Apostelgrab indes soll er unversehrt gelassen haben. Aber mit ziemlicher Sicherheit hatten die Verantwortlichen die Reliquien vor dem Ansturm der Mohammedaner in Sicherheit gebracht. Ob sie danach den Weg an den Ort ihrer Bestimmung zurückfanden, ist ungeklärt. Bei den Grabungen, die im 19. und erneut Mitte des 20. Jahrhunderts in der Kirche von Santiago durchgeführt wurden, sind jedenfalls keine Spuren gefunden worden, die mit der Beschreibung des marmornen Grabes in Einklang hätten gebracht werden können. Anfang des 12. Jahrhunderts ließ der damalige Bischof von Santiago, Diego Gelmírez, die Reliquien in der Krypta der damals im Bau befindlichen romanischen Kathedrale derart einmauern, daß die Pilger derer nicht mehr ansichtig wurden. Ende des 16. Jahrhunderts sah sich Santiago einer erneuten Gefahr ausgesetzt. Die Flotte des Francis Drake bedrohte nach dem Sieg über die Armada (1588) die spanische Nordküste. Wieder wurden die Reliquien des hl. Jakobus umgebettet, um eine Schändung seines Grabes zu verhindern. Damals sollen sie in die Wandung des Chores vermauert worden sein. Danach wurde es still um das Grab, die Pilgerbewegung war ohnehin zum Versiegen gekommen. Erst 1879 wurde erneut nach den Gebeinen des Apostels gesucht. Man fand hinter dem Hauptaltar der Kathedrale eine Urne mit den Knochenresten dreier Menschen. Rasch wurde das Ereignis als Wiederauffindung der Jakobus-Reliquien gefeiert. Und da sich inzwischen selbst von kirchlicher Seite Stimmen erhoben, die die Echtheit dieser Reliquien in Zweifel zogen, setzte der Erzbischof der Diskussion ein Ende, indem er 1883 per Dekret die Echtheit der Reliquien verfügte. Papst Leo XIII. trat ihm zur Seite und erließ am 1. November 1884 die Bulle *Deus omnipotens*, mit der er das bischöfliche Dekret sanktionierte. Die aufgefundenen Knochen wurden in einen neu angefertigten Schrein gebettet, der nach dem Umbau der Krypta seit 1891 dort aufgestellt ist.

Faktum ist: wir besitzen weder eine verläßliche Nachricht von einem Wirken des Jakobus auf der Iberischen Halbinsel, noch den geringsten Hinweis auf seine Bestattung dort. Fast alles, was wir wissen, basiert auf mittelalterlichen Legenden. Faktum ist aber ebenfalls, daß die Pilgerbewegung nach Santiago ein Pfeiler der europäisch-christlichen Kultur geworden ist, sich gleichsam verselbständigt hat. Eines sollte man nicht außer Betracht lassen: so wie jeder Sage des klassischen Altertums ein historisch begründeter Kern innewohnt, was spätestens seit Schliemanns Auffindung von Troja zur Gewißheit geworden ist, transportiert auch jede Legende des Mittelalters, sei sie noch so blumig ausgeschmückt, einen Kern geschichtlicher Wahrheit. So referiert die Legende von den drei Marien, die in der Provence an Land gingen, im Grunde sehr anschaulich die Tatsache, daß das Christentum in der Spätantike über die Häfen der Mittelmeerküste Eingang in Gallien gefunden hatte.

Das kulturgeographische Umfeld

Es will keineswegs zufällig erscheinen, daß das Jakobusgrab ausgerechnet in Galicien aufgefunden wurde. Die nordwestliche Ecke der Iberischen Halbinsel, in der Antike wie gleichfalls im Mittelalter mit dem Ende der Welt (*finis terrae*) gleichgesetzt, ist seit alters ein Raum besonderer Spiritualität. In Galicien sieht man die größte Dichte von Zeugen der neolithischen Megalithkultur auf der Iberischen Halbinsel. In Santiago befand sich in römischer Zeit eine ausgedehnte Nekropole. Inmitten dieses Friedhofs wurde das Jakobusgrab entdeckt. Die dort bestatteten Verstorbenen liegen ausnahmslos in Ost-West-Richtung, die Füße weisen gegen Osten, der Kopf ruht im Westen. Der Tote hat also eine imaginäre Blickrichtung nach Osten, der aufgehenden Sonne entgegen. Der Westen als Raum der untergehenden Sonne ist seit alters als die Sphäre des Todes gedeutet worden. Die Pilgerfahrt des Mittelalters beschreibt also nicht zuletzt den Lebensweg des Menschen in Richtung auf den Tod, verbunden ist damit aber zugleich das Streben nach dem Licht und einem Dasein jenseits unserer irdischen Existenz.

Über einen großen Teil Europas zieht sich am nächtlichen Sternenhimmel die Milchstraße. Diese Sternenwolke beschreibt einen Bogen, der sich von Nordosten nach Südwesten zieht und auf Spanien hindeutet. Im Mittelalter sah man darin den kosmischen Hinweis auf das Jakobusgrab, und natürlich führte diese überirdische Erscheinung zu weiterer Ausschmückung der Legende. Danach habe nicht jener oben genannte Pelayo das Grab gefunden, sondern keinem geringeren als Karl dem Großen soll in einer Vision die Lage des Apostelgrabes offenbart worden sein. Tatsächlich führte ja einer der ersten Kriegszüge des Frankenkönigs nach Spanien. Allerdings endete der Feldzug in einem Debakel und wurde nach der vergeblichen Belagerung der Stadt Saragossa abgebrochen.

Der Name des Ortes Santiago de Compostela wurde früher vom lateinischen *campus stellae* (Sternenfeld) hergeleitet. Neuerdings steht eine andere etymologische Ableitung zur Diskussion. Compostela komme von *compositum tellus*. Das aber hat nicht mit Himmelskörpern zu tun, sondern bedeutet wörtlich übersetzt: geordnetes Land. Nun haben

Messungen ergeben, daß Santiago ein Ort besonderer tellurischer Strahlenkraft ist. Ja, nahe dem Altar in der Kathedrale konnte ein positives Kraftfeld nachgewiesen werden, wie es in dieser Verdichtung einzigartig in Europa ist. Noch vor wenigen Jahren wurde die Theorie solcher Kraftfelder belächelt und als Hirngespinst der Esoteriker abgetan. Doch haben inzwischen die Messungen mit Hilfe unbestechlicher technischer Geräte den unumstößlichen Nachweis für die Existenz derartiger Kraftfelder erbracht. Dergleichen wurde für die Kathedrale in Chartres, den Salzburger Dom und für etliche romanische Kirchen in Frankreich nachgewiesen. Demnach muß das »geordnete Land« um Santiago schon in grauer Vorzeit ein Bezirk gewesen sein, von dessen stärkender, vielleicht sogar heilender Kraft die Menschen der Vorzeit angezogen waren.

Erdkraft, Erdheiligtümer, das sind Dinge, die nach alter Tradition mit der Vorstellung weiblicher Gottheiten in Verbindung gebracht wurden. In Santiago aber löst ein männlicher Heiliger die antiken und vorantiken weiblichen Kultpersönlichkeiten ab. Doch lebt die Erinnerung an solche in der Jakobuslegende fort. So finden wir in der *Legenda Aurea* des Jakobus de Voragine (13. Jahrhundert) die wortreiche Schilderung von der Bestattung der Gebeine des Heiligen. Demnach sollen die Jünger des Apostels mit dessen Leichnam in Galicien ins Land der Königin Lupa gekommen sein. Diese heidnische Herrscherin legte den Jüngern manche Steine in den Weg, unter anderem wies sie sie an, wilde Stiere vor den Karren mit dem Leichnam zu spannen, in Erwartung, daß sie dabei zu Tode kämen. Aber die Jünger machten das Kreuzeszeichen über die Stiere und bezähmten diese. Unter diesem Eindruck hätte sich die Lupa zum Christentum bekehrt. Bezeichnend scheint an dieser Episode, daß das lateinische Wort *lupa* ja nicht nur Wölfin, sondern auch Hure bedeutet – *lupanar* bedeutet Freudenhaus, Bordell. Jakobus wird in dieser Episode zum Bezwinger der Triebhaftigkeit, konkret ungezügelter Geschlechtlichkeit.

Das gängige Jakobussymbol ist die Muschel, und auch die steht mit uralten Vorstellungen von Weiblichkeit in Verbindung. Die Muschel galt wegen ihrer äußeren Form und aufgrund ihres weichen Inhaltes als ein Symbol des weiblichen Geschlechts. Wir erinnern daran, daß die Göttin Venus – griechisch Aphrodite –, die antike Göttin der Liebe, aus einer Muschel geboren wurde. Die Legende berichtet dazu nun wieder, daß bei der Landung des Schiffes mit den sterblichen Überresten des Apostels an Bord in Galicien ein Ritter ins tiefe Wasser gefallen sein soll. Der Mann galt als unrettbar und ertrunken. Da tauchte er plötzlich wieder auf, und, als sei er über einen langen Zeitraum am Meeresboden gelegen, sei er über und über mit Jakobsmuscheln (lat. *pecten Jacobi*) behangen gewesen. Zugleich aber verstand man die Muschel auch als ein Zeichen der Reinheit, da man glaubte, daß ihre Fortpflanzung ungeschlechtlich vonstatten ginge, indem Muscheln aus dem Meeresschlamm heraus entstünden – sie wurde deshalb mit Maria in Verbindung gebracht. Abgesehen von der auf das weibliche Geschlecht bezogenen Deutung gibt es auch eine formale Begründung dafür, daß die Muschel zum Signum der *Jacquaires* (die französische Form für Jakobspilger) wurde. Die auf einen Punkt zulaufenden Furchen der Muschelschale symbolisieren demnach die Wege, die durch Europa auf das Pilgerziel hinführen.

Der historische Zeitrahmen

Als die Legende von einer Präsenz des Jakobus in Spanien und ebenso seiner Beisetzung aufkam, herrschten hier die Westgoten. Zunächst hatte sich dieses Germanenvolk Anfang des 5. Jahrhunderts n. Chr. nach langer Wanderschaft kreuz und quer durch Europa im südwestlichen Frankreich festgesetzt und dort das Erste Westgotenreich gegründet, das man nach seiner Hauptstadt Toulouse auch das *Tolosanische Reich* genannt hat. Anfang des 6. Jahrhunderts kollidierten sie mit den expansionshungrigen Franken, die ihren Herrschaftsradius von ihrem Kerngebiet im Raum des heutigen Belgien und Nordfrankreichs nach Süden ausdehnten. In der Schlacht von Vouillé im Jahr 507 mußten sich die Westgoten geschlagen geben und zogen sich über die Pyrenäen nach Süden zurück, wo sie das *Zweite Westgotenreich* gründeten. Nach einer anfänglichen Phase des Aufbaus und der Konsolidierung wurde das 7. Jahrhundert die Blütezeit der Westgotenherrschaft auf der Iberischen Halbinsel. Einige erhaltene Kirchenbauten, Werke der Steinskulptur und erlesene Werke der Goldschmiedekunst legen Zeugnis ab vom Wohlstand und vom hohen kulturellen Niveau des Iberischen Westgotenreiches. Man hat diese Epoche (7. Jahrhundert n. Chr.) auch das *Isidorianische Zeitalter* (oder *Isidorianische Renaissance*) benannt, nach Bischof Isidor von Sevilla, dem Verfasser der im Mittelalter meistgelesenen Enzyklopädie. Nach zweihundert Jahren ging das Westgotenreich unter. Von Thronstreitigkeiten und inneren Parteikämpfen ausgehöhlt, erlagen die Westgoten dem Ansturm der Mauren, die in einer einzigen Schlacht (Jerez de la Frontera im Jahr 711) das Germanenreich zerschlugen. Versprengte Überlebende des Völkergemetzels zogen sich in den Nordwesten der Iberischen Halbinsel in die Landschaft Asturien zurück, wo man sich hinter dem von der Natur aufgetürmten Schutzwall der Kantabrischen Kordilleren mit ihren bis zu 2500 m aufragenden Picos de Europa einigermaßen sicher fühlen durfte.

Einen Wendepunkt markiert das Jahr 722. Damals bezwang Pelayo, ein westgotischer Adliger, der sich an die Spitze seines dezimierten Stammes gestellt hatte, erstmals die Araber. Diese Episode ist nachträglich mythisch überhöht worden, wird in den Quellen des Mittelalters als eine gewaltige Schlacht geschildert, während die neuere Geschichtsforschung davon ausgeht, daß es bei Covadonga lediglich zu einem kleinen Scharmützel gekommen sei. Aber einerlei, welche Dimension diese bewaffnete Auseinandersetzung nun hatte, mit

Covadonga begann ein neues Kapitel der Geschichte. Asturien wurde zur ersten Keimzelle der *Reconquista*, des Befreiungskampfes des christlichen Spaniens gegen die Araber. Das junge Königreich Asturien war in seiner Gründungsphase ein unscheinbares Gebilde, dem wohl auch die neuen moslemischen Landesherren keine besondere Bedeutung beimaßen. Doch bereits Mitte des 8. Jahrhunderts begann die Phase der Expansion. König Alfons I., genannt der Katholische (739–757), dehnte seinen Herrschaftsbereich entlang der Atlantikküste nach Osten (Kantabrien) und nach Westen (Galicien) aus.
An der Wende vom 8. zum 9. Jahrhundert mauserte sich das kleine Asturien zu einem ernstzunehmenden machtpolitischen Faktor. König Alfons II. dem Keuschen (792–842), der ein halbes Jahrhundert herrschte, gelang es, wiederholte Übergriffe der Araber auf Asturien abzuwehren. Der König war ferner bemüht, Asturien aus seiner Isolation zu befreien. Er stellte diplomatische Beziehungen zu den Karolingern her. Gesandtschaften erschienen am Hof Karls des Großen sowie seines Nachfolgers Ludwigs des Frommen. Es ist der Beginn einer Glanzzeit, als deren sichtbares Zeichen wir heute noch in Oviedo, das seit 761 Hauptstadt des Königreichs war, den Kirchenbau von San Julian de los Prados vor Augen haben.
Damals war der Reliquienkult bereits ein fester Bestandteil des religiösen Lebens, mehr noch, in der für das gesamte Mittelalter kennzeichnenden Verquickung von christlichem Herrschertum und Gottesgnadentum hatten Reliquien oft die Funktion, einen Herrschaftsanspruch zu legitimieren. Wir kennen das Beispiel von der Heiligen Lanze. Sie war über die Langobarden in den Besitz König Rudolfs von Burgund gelangt und von diesem an Heinrich I. (wohl 925 oder 926) weitergegeben worden. Damit hatte der junge deutsche Herrscher ein göttliches Zeichen für die Legitimität seiner Königswürde sowie für die Institutionalisierung der von ihm begründeten Dynastie der Ottonen in Händen, zugleich rechtfertigte der Besitz der Heiligen Lanze den Anspruch der deutschen Herrscher über Oberitalien. Wir rufen ein anderes Ereignis in Erinnerung, das sich just zur Zeit Alfons II. abspielte. Venedig, damals gerade auf dem Sprung zur Großmacht, setzte seinen bisherigen Stadtpatron, den hl. Theodor, ins zweite Glied zurück und brachte sich in den Besitz der sterblichen Überreste des Evangelisten Markus. Diesem wurde, ähnlich wie dem Jakobus in Spanien, eine Missionstätigkeit im Raum der oberen Adria nachträglich angedichtet, um den konkreten lokalen Bezug zu Venedig herzustellen. An diesem Vorgang wird zugleich das Hierarchiedenken des Mittelalters ablesbar. Wer wirklich etwas darstellen wollte, der mußte schon mit einem Apostel oder mit einem Evangelisten auftrumpfen. Noch im 13. Jahrhundert hat sich Karl von Anjou desselben Mittels bedient. Als von der Krone eingesetzter, aber vom lokalen Adel abgelehnter neuer Graf der Provence, fand er dank himmlischer Fügung die Gebeine der damals äußerst populären hl. Magdalena, zu deren Grab man bisher nach Vézelay gezogen war. Ein Urteilsspruch des Papstes entschied zugunsten des neuen Auffingungsortes St-Maximin in der Provence. Vézelay hatte über Nacht ausgedient, und Karl von Anjou galt fortan als der einzig legitime Herr der Provence. Aus diesem Blickwinkel gewänne die Auffindung des Apostelgrabes in Galicien, das damals bereits zu Asturien gehörte, ein hohes Maß an politischer Bedeutung. Alfons II. hätte seiner Regierung nicht nur die Aura göttlicher Bestimmung verleihen, zugleich hätte er die Rolle des Wortführers in der Reconquistabewegung an sich ziehen können. Doch merkwürdigerweise wurde in seiner Zeit der Entdeckung des Grabes noch gar nicht jene hohe Bedeutung zugemessen, die der Fund später genoß. Zwar errichtete man spontan eine Kirche über dem Jakobusgrab, doch die Wallfahrt zu diesem kam nur langsam in Gang und hatte anfangs kaum mehr als lokale Bedeutung. Später avancierte zwar Jakobus zur Symbolfigur des Kampfes des Christentums gegen die Ungläubigen, konkret die Moslems. Aber es darf bezweifelt werden, ob dies von Anbeginn so gewesen ist.

Jakobus, Streiter für das Christentum

Im 8. Jahrhundert war ein alter innerkirchlicher Streit erneut aufgebrochen, dessen Wurzeln in die Spätantike zurückreichen. Damals drohte der *Arianismus* die Christenheit zu spalten, der die Lehre vertrat, wonach Christus nicht gottgleich, sondern lediglich gottähnlich sei. Schon auf den Konzilien des 4. Jahrhunderts n. Chr. war diese Lehre wiederholt als Häresie verurteilt worden, da sie im Widerspruch zur Orthodoxie und ihrer Doktrin von der Trinität stand. Aber die jungen Germanenvölker hielten am Arianismus fest. Erst der Merowingerkönig Chlodwig bekannte sich (vermutlich um das Jahr 496, nach neuerer Forschung etwas später) ohne wenn und aber zum Katholizismus und ermöglichte somit, daß sich fortan die neuen germanischen Landesherren mit der eingesessenen orthodoxen Bevölkerung vermischen konnten. Die anderen Germanenstaaten folgten, wobei die spanischen Westgoten den Schritt lange hinauszögerten. Erst unter König Rekkared I. (586–601) schworen sie 587 dem Arianismus ab. Latent lebte der Arianismus indes fort und brach sich im 8. Jahrhundert in Spanien unter dem neuen Namen des *Adoptianismus* wieder Bahn. So »nennt man jene Christologie, die in Christus nach Analogie der alttestamentlichen Propheten einen mit Gottes Kraft ausgestatteten oder nach Art der griechischen Apotheose zum Gott erhobenen Menschen sah« (Lexikon für Theologie und Kirche). Die wichtigsten Persönlichkeiten, die die Lehre des Adoptianismus propagierten, waren die Bischöfe Felix von Urgel († 818 in Lyon) und Elipandus von Toledo (782–802). Der Adoptianismus blieb keine auf Spanien beschränkte lokale Besonderheit, sondern wurde auch im Karolingerreich sehr wohl wahrgenommen und offenbar als bedrohlich empfunden. Auf mehreren Synoden wurde der Adoptianismus

nachhaltig verurteilt (Regensburg 792, Frankfurt 794, Friaul 796, Aachen 799/800). Felix von Urgel, dessen Bistum in der Mark Katalonien und damit in der Einflußsphäre der Karolinger lag, mußte sich der staatlichen und kirchlichen Autorität beugen. Auf der Synode zu Regensburg verwarf er den Adoptianismus, 799 wurde er erneut nach Aachen zitiert, wo er endgültig dem Irrglauben abschwor. Danach kam er in Sicherheitsgewahrsam zu Erzbischof Leidrad von Lyon. Anders lagen die Dinge im Fall seines Amtskollegen Elipandus von Toledo. Dessen Diözese befand sich inmitten des von den Mauren beherrschten Südspanien. Mit diesen galt es sich zu arrangieren.
Der Adoptianismus war bestens geeignet, ein Klima der Toleranz zwischen Mohammedanern und Christen herzustellen, da ja auch die Moslems Christus sehr wohl anerkannten – nur nicht als Gottes Sohn, sondern als einen seiner Propheten. Elipandus hielt deshalb ungeachtet der Ermahnungen, die von Seiten der Synoden und des Papstes an ihn gerichtet wurden, unbeirrt am Adoptianismus fest. Wortführer der Orthodoxen war der Mönch Beatus von Liebana, dessen Kommentar zur Apokalypse – eine Streitschrift für den rechten Glauben – noch bis in das 11. Jahrhundert in den Klöstern Spaniens eifrig vervielfältigt wurde.
Im Laufe des 9. Jahrhunderts kam es zu einer immer stärker werdenden Abwanderung von Christen aus dem maurischen Spanien in den Norden des Landes. Nach landläufiger Meinung sei dies das Zeichen zunehmender religiöser Intoleranz zwischen den beiden Religionen. Tatsächlich aber waren es – zumindest anfangs – wohl eher Mönche und orthodoxe Christen, die sich vom Adoptianismus abwandten und Zuflucht in Asturien suchten, das eine Hochburg der Rechtgläubigkeit war. Der hl. Jakobus diente demnach anfangs als Gallionsfigur der Orthodoxie und wurde als Trumpfkarte in der Auseinandersetzung von Christen gegen Christen ausgespielt.
Erst nachdem der Adoptionistenstreit abgeklungen war, mutierte der Apostel zur Identifikationsgestalt der Reconquista. In dem Zusammenhang bedeutet das Jahr 844 einen Wendepunkt. Damals soll König Ramiro I. (842–850) von Asturien bei Clavijo einen triumphalen Sieg über ein maurisches Heeresaufgebot errungen haben – die jüngere Geschichtsforschung bezweifelt allerdings, ob dieser Kampf tatsächlich stattgefunden hat. Greifbare Quellen erhellen die Lage auch in diesem Fall nicht, erneut lesen wir die Ereignisse im Spiegel der Legende. Derzufolge soll der hl. Jakobus dem christlichen König auf einem Schimmel erschienen sein, ja er habe sogar aktiv in das Kampfgeschehen eingegriffen. Fortan jedenfalls war der hl. Jakobus auf die Rolle des *Matamoros*, des Maurentöters, festgelegt. »Santiago« wurde zum Schlachtruf der christlichen Ritter im Kampf gegen die Moslems. Und auf dieses Bild blieb der Märtyrer-Apostel über Jahrhunderte fixiert. Als im 16. Jahrhundert die spanischen Konquistadoren, von Goldgier getrieben, gegen die »Wilden« in Südamerika losschlugen, trugen sie den Namen des Jakobus auf den neuen Kontinent. Noch zur Zeit der Glaubensspaltung diente der Apostel als Leitfigur gegen die Vertreter des neuen Glaubens. Bezeichnenderweise stammen erst aus dieser Zeit die ungezählten Darstellungen des hl. Jakobus als Ritter hoch zu Pferde.

Geschichte der Wallfahrt

Die Entwicklung der Wallfahrt zum Grab des Apostels Jakobus d. Ä. hat sich keineswegs kontinuierlich vollzogen. Sie erlebte Höhen und Tiefen und zudem eine von Jahrhundert zu Jahrhundert sich wandelnde Bedeutung. Im 9. Jahrhundert reichte der Radius der Pilgerbewegung kaum über die Grenzen des kleinen Königreichs Asturien hinaus. Weite Teile Nordpaniens waren damals noch von Arabern besetzt und deshalb nur schwer passierbar. Immerhin war das Ansehen der jungen Ortschaft, die sich nun um das Grab des Apostels bildete, Ende des 9. Jahrhunderts hoch genug, daß der Bischofssitz von Galicien von Iria Flavia nach Santiago de Compostela verlegt wurde.
Das moslemische Spanien hatte zu dieser Zeit tiefgreifende Umwälzungen erfahren. Mitte des 8. Jahrhunderts war im Orient das Herrscherhaus der *Omajjaden* gestürzt worden. Abd ar Rahman war dem Massaker an seiner Familie entkommen und gelangte unter abenteuerlichen Umständen 755 auf die Iberische Halbinsel, wo er mit großem Geschick das Emirat von Córdoba aufbaute. Nach 33jähriger Regierungszeit hinterließ er seinen Nachfolgern einen stabilen Staat. Abd ar Rahman III. (912–961) legte sich 929 den Kalifentitel zu und machte Córdoba zur volkreichsten Stadt Europas, zu einer Metropole, die den Vergleich mit dem damaligen Byzanz nicht zu scheuen brauchte. Beflügelt von seinen Erfolgen, zog er mit seinem Heer wiederholt nach Nordspanien, wo die Christen den Arabern bereits große Flächen abgetrotzt hatten. 924 überzog er Navarra mit Krieg, eroberte Pamplona und zerstörte die dortige Kathedrale. Es folgten wenige Jahrzehnte relativer Ruhe. Ende des 10. Jahrhunderts stieß der Feldherr Al Mansur wiederholt nach Nordspanien vor und verbreitete dort Furcht und Schrecken. Die Eroberung Santiagos 997 haben wir bereits erwähnt. Im Nordosten der Halbinsel fiel ebenfalls das damals fest in christlicher Hand geglaubte Barcelona. Erst der plötzliche Tod Al Mansurs 1002 bannte die Gefahr weiterer arabischer Einfälle im Norden des Landes. Kurz darauf, 1010, brach die Herrschaft der Omajjaden zusammen.
Zur selben Zeit versuchten die Normannen, die in Frankreich als Plünderer ganze Arbeit geleistet hatten, wiederholt auf der Iberischen Halbinsel Fuß zu fassen. Die geplante Invasion wurde allerdings im buchstäblichen Sinn des Wortes ein Schlag ins Wasser. Schließlich ließen sie ihre Eroberungspläne fallen und segelten weiter nach Süditalien, wo ihnen ein größerer Erfolg beschieden war.

Diese Wechselfälle der Geschichte waren der Wallfahrt nach Santiago nicht eben zuträglich. Erst Mitte des 10. Jahrhunderts machte sich der erste prominente Franzose auf den Weg nach Santiago. Das war Bischof Godescalc (Gottschalk) von Le Puy. Er begründete damit die über lange Zeit anhaltende enge Verbindung zwischen Le Puy und Spanien, die baulich noch im 12. Jahrhundert bei der Errichtung der Kathedrale in der Hauptstadt der Landschaft Velay zum Niederschlag kam. Zugleich bahnte sich über den engeren Rahmen des Velay hinaus das Wechselverhältnis zwischen dem christlichen Spanien und Frankreich an. In der Blütezeit der Jakobus-Wallfahrt strömten Pilger aus ganz Europa nach Galicien, aber immer waren die Franzosen in der Überzahl. Das erklärt sich ganz einfach aus der Nachbarschaft von Spanien und Frankreich. In den einhundert Jahren zwischen 1020 und 1120 waren größere französische Ritterverbände nicht weniger als zwanzigmal an Kampfhandlungen in Spanien beteiligt. Sie fochten Seite an Seite mit den christlichen Rittern Spaniens gegen die Moslems. Ein besonders enges Verhältnis entspann sich zwischen Burgund und den jungen spanischen Königreichen, insbesondere zu Kastilien. So heiratete Alfons VI. von Kastilien in zweiter Ehe die Tochter des Burgunderherzogs Robert I. Sie war eine Nichte des Abtes Hugo von Cluny. Gerade Cluny entwickelte sich damals zum treibenden Motor bei der Organisation der Pilgerwege – wir werden die Rolle der Mönche noch näher beleuchten.
Wie hoch die Zahl anonymer Pilger war, ist nicht mehr zu ermitteln. Aber der Denkmälerbestand, der entlang den unterschiedlichen Wegen durch Frankreich und Spanien entstand, nämlich romanische Kirchen, die in der Zeit zwischen etwa 1070 und 1150 errichtet wurden, belegt nachdrücklich, daß die letzten Jahrzehnte des 11. und die erste Hälfte des 12. Jahrhunderts die große Glanzzeit der Pilgerfahrt war. Compostela stand als Wallfahrtsort gleichrangig neben Rom und Jerusalem. Seit dem Ende der 1070er Jahre befand sich die gewaltige romanische Kathedrale in Bau. Im Jahr 1100 bestieg der ehrgeizige Diego Gelmírez die bischöfliche Kathedra. Aus einem Aufstand der Bürger (1117) ging Gelmírez gestärkt hervor und erreichte bald darauf (1120) von Papst Calixtus II. die Erhebung von Santiago zum Erzbistum. In dieser Zeit entstanden die *Historia Compostelana* und der *Liber Sancti Jacobi*.
Die Beweggründe, die die Gläubigen in Massen nach Santiago aufbrechen ließen, waren vielfältig. Namentlich im 12. Jahrhundert, einer Zeit, die »von Hunger nach Gott erfüllt war« (Georges Duby), und in der die Menschen durch Kontaktaufnahme mit einer Reliquie das Gefühl hatten, direkt mit dem Paradies in Berührung zu kommen, ist die Wallfahrt in erster Linie Ausdruck einer tief wurzelnden Glaubensglut. Es gab ausgesprochene Bittwallfahrten, etwa wenn der Pilger die Heilung von Krankheit erwartete, sei es für sich selbst, sei es für einen nahen Verwandten. Nicht selten fanden Bußwallfahrten statt, und natürlich gab es auch Gelübdewallfahrer.
Im 13. Jahrhundert gehörte eine Reise nach Santiago gleichsam zum »guten Ton«. Wer Rang und Namen hatte, mußte einmal am Grabe des hl. Jakobus aufgetaucht sein. Die Liste prominenter Pilger des 13. Jahrhunderts liest sich wie ein »Who is who« des Kathedralzeitalters: Jaime der Eroberer, König von Aragón, König Edward I. von England, Hugo IV., Herzog von Burgund, der hl. Franziskus von Assisi, Johannes von Brienne, der lateinische Kaiser in Byzanz, und zahlreiche andere. Aber auch der Strom der einfachen Leute riß natürlich nicht ab.
Immer häufiger, so gewinnt man den Eindruck, sind Menschen nicht aus eigenem Antrieb nach Compostela gegangen. Da das Mittelalter die Institution des Gefängnisses nicht kannte (die verbreiteten Strafen bei Vergehen gegen die Gesetze waren körperliche Züchtigungen oder Geldbußen), setzten Richter immer häufiger das Mittel einer Bußwallfahrt als Strafmaß ein. Waren die Pilgerwege zuvor schon vielerorts durch Räuber und anderes Gesindel latent gefährdet, so findet man nun immer häufiger inmitten der Pilgerschar kriminelle Elemente. Beliebt wurde auch die Stellvertreter-Wallfahrt. Wohlhabende schickten, um in den Genuß der Absolution zu gelangen, bezahlte Wanderer auf den Weg, um sich selbst die Strapazen der weiten Reise zu ersparen.
Waren anfangs die Landwege gleichsam obligatorisch, reisten seit dem 14. Jahrhundert immer häufiger Pilger aus entfernteren Gegenden Europas mit dem Schiff an und legten nur noch eine letzte Etappe zu Fuß zurück. Schotten, Engländer, Iren, aber auch die Hanseaten Norddeutschlands entdeckten Bordeaux als ideale Etappe, später wurde das noch deutlich näher an Santiago gelegene La Coruña beliebt. Allerdings war auch diese Verkürzung des Weges nicht frei von Gefahren, denn längs des Seeweges lauerten Piraten auf Beute. Der Hundertjährige Krieg und seine Begleiterscheinungen (Hungersnöte, soziale Revolten, seit 1348 auch der Bevölkerungsrückgang infolge der Pest) führte von der Mitte des 14. bis zu seinem Ende Mitte des 15. Jahrhunderts zu einem deutlichen Rückgang der Pilgerzahlen. Danach erlebte die Wallfahrt noch einmal einen Aufschwung, unterlag aber zugleich einem erneuten Bedeutungswandel. Im Spätmittelalter gehörte es zum Bildungsprogramm des Adels, nach Santiago zu fahren, so wie es im 19. Jahrhundert Pflicht der gebildeten Schichten war, nach Italien zu reisen. Kennzeichnend für diese Epoche ist auch die Ausweitung der Internationalisierung. Hatten die Franzosen bislang das Hauptkontingent der Pilger gestellt, so sieht man nun in mindestens gleich großer Zahl Deutsche und Engländer, und seit der spektakulären Doppelhochzeit von 1496, in der sich Kastilien/Aragón mit dem Haus Habsburg verbanden, tauchten auch Niederländer in hellen Scharen in Santiago auf.
Die Gründe für den Niedergang der Wallfahrt im Laufe des 16. Jahrhunderts sind vielschichtig. Natürlich sind die Reformation und die Kirchenspaltung in erster Linie zu nennen. Ein großer Teil der poten-

hervorragenden Weines und seines Fischreichtums; für die Durchquerung der südlich daran angrenzenden sandigen Ebene des Landes warnt er vor den zahlreichen Stechmücken und empfiehlt, besonders auf die Füße achtzugeben, die ständig in dem weichen Boden versinken würden. Die Bewohner der Gascogne kommen mit einem blauen Auge davon. Er schildert sie zwar als schwatzhaft und nachlässig, vor allem in Sachen Sauberkeit und Kleidung, lobt aber ihre Gastfreundschaft gegenüber armen Wanderern. Ganz schlecht schneiden die Navarreser ab. Ihre Eßgewohnheiten vergleicht er mit denen von Hunden. Außerdem seien sie »unansehnlich, verrucht, schurkisch, falsch, treulos und korrupt, wollüstig, trunksüchtig«. Auch beschreibt er die Unart, daß sich sowohl Männer als auch Frauen im Zustand wütender Erhitztheit die entblößten Schamteile entgegenstreckten – die Feststellung scheint nicht an den Haaren herbeigezogen; an der romanischen Kirche von Cervatos (Kantabrien) ist eine Frau dargestellt, die dem Betrachter in ungewohnter Drastik ihre blanke Scham entgegenhält. Ob nun alles tatsächlich der Wahrheit entspricht, muß dahingestellt bleiben. Nichtsdestotrotz gewährt das fünfte Buch des Liber Sancti Jacobi überraschende Einblicke in die Lebenswirklichkeit des 12. Jahrhunderts und die Alltagsnöte der Pilgerfahrt.

Ein Begleitbrief leitet das Pilgerbuch ein. Als sein Verfasser nennt sich Papst Calixtus II. (1119–1124). Das hat dazu geführt, daß man früher diesen Papst als den Verfasser des gesamten Werkes ansah und diesem daher den Titel *Codex Calixtinus* gab. Die Forschung ist längst zu anderen Ergebnissen gelangt. Da sich am Ende der Handschrift ein gewisser Aimeric Picaud aus Parthenay-le-Vieux im Poitou als derjenige nennt, der das Buch nach Santiago überbrachte (wo das Original nach wie vor aufbewahrt wird), schreibt man ihm einen Großteil der Arbeit zu, insbesondere die Autorschaft am abschließenden fünften Teil, der so gespickt ist mit subjektiven Betrachtungen.

Der vierte Abschnitt des Liber stammt zweifellos aus einer anderen Feder. Laut einer uralten Version habe Bischof Turpin von Reims schon Ende des 8. Jahrhunderts diesen Text in Auftrag gegeben – eine ebenso unhaltbare These wie die angebliche Urheberschaft des Papstes Calixtus. Man nennt deshalb diesen Teil des Liber Sancti Jacobi heute den *Pseudo-Turpin*.

Nachdem sich die Auffassung durchgesetzt hatte, Aimeric Picaud sei der Verfasser großer Teile des Liber, galt es bald als sicher, daß er entweder aus Cluny selbst oder zumindest aus einem den Cluniazensern assoziierten Kloster stammte. Aber das gilt heute nicht mehr als wahrscheinlich. Wir verweisen auf das oben genannte Beispiel seiner Beschreibung von Wegstationen im Limousin. Als Cluniazenser hätte er St-Martial in Limoges, eine der bedeutendsten Niederlassungen der Cluniazenser in ganz Frankreich, mit Sicherheit nicht übergangen. Aktuell heißt es, Aimeric Picaud sei ein Kleriker gewesen.

Im Mittelalter dürften zahlreiche Abschriften des Liber kursiert haben. Allerdings verfügten nur die wenigsten über eine vollständige Ausgabe. Gebräuchlicher waren Kurzfassungen, Auszüge, in denen vor allem der kopflastige und zum praktischen Gebrauch wenig geeignete erste Teil stark verkürzt war. Diese noch in einigen Exemplaren erhaltene Kurzfassung des Codex nennt man in Unterscheidung zum Liber Sancti Jacobi den *Libellus Sancti Jacobi*. Von der Originalversion existiert heute überhaupt nur noch eine einzige Abschrift. Sie befindet sich in der Bibliothek des katalanischen Klosters Ripoll. Dennoch dürfte auch der Libellus nicht eben in Masseneditionen erschienen sein. Zum einen mußte bekanntlich jedes Buch einzeln von Hand geschrieben werden, zum anderen sprechen wir von einer Zeit, in der das Gros der Menschen, wohl um die 90%, des Lesens unkundig war. Für diese Mehrheit war der Besitz des Libellus völlig unsinnig. Es blieb also nur eine kleine Schicht gebildeter, lesekundiger Geistlicher, an die die Lektüre adressiert war.

Die Datierung des Buches ist nicht mit letzter Genauigkeit zu bestimmen. Heute wird das Jahrzehnt zwischen 1140 und 1150 als Zeitraum der Entstehung vermutet. Auf jeden Fall hat der Verfasser damals schon die Puerta de las Platerías in Santiago in der bis heute bestehenden Form gesehen, von der er eine überraschend präzise Beschreibung abgibt; den Pórtico de la Gloria aus dem späten 12. Jahrhundert gab es damals dagegen noch nicht. Der Liber Sancti Jacobi ist für uns heute die bedeutendste Schriftquelle zum Jakobuskult aus dem Hochmittelalter.

Die großen Pilgerrouten

Unser heutiges Bild vom Verlauf der Pilgerwege ist wesentlich geprägt von der Beschreibung, die wir im Liber Sancti Jacobi lesen. Danach hat es durch Frankreich vier Hauptwege gegeben.

– *Via Touronensis* nennt man die westliche Route. Sie nimmt in St-Denis nördlich von Paris ihren Ausgang und führt von dort über Paris, die Stadt Tours, von der sich ihr Name ableitet, weiter über Poitiers, Aulnay, Saintes und Bordeaux nach Ostabat am Fuße der westlichen Pyrenäen. Auf diesem Wege zogen Pilger aus Nordfrankreich, aus Flandern, aus dem Raum der Niederlande, Frieslands und Norddeutschlands Santiago de Compostela entgegen.

– *Via Lemovicensis* ist der Name jener zweiten Route, die in Vézelay beginnt, das seinerseits Ziel einer stark frequentierten Wallfahrt war, denn dort war die äußerst populäre Büßerin Magdalena beigesetzt. Bei La Charité-sur-Loire verließen die Pilger Burgund und erreichten dessen Nachbarlandschaft Berry. Von Bourges ging es weiter durch die Landschaft Limousin mit deren Hauptstadt Limoges, der Namensgeberin dieser Strecke. Weitere Stationen auf dem Weg nach Südwesten: Périgueux, Hauptstadt des Périgord, Bergerac, Bazas und St-Sever. In Ostabat stießen Via Touronensis und Via Lemovicensis aufeinander. Auf diesem Weg wanderten Burgunder sowie Pilger aus Süddeutschland und aus dem slawischen Raum südwestwärts.

– *Via Podiensis* ist der einzige der vier Wege, der den Namen seinem Ausgangsort, Le Puy in der Landschaft Velay, am Südrand der Auvergne, verdankt. Seit dem Besuch des Bischofs Godescalc von Le Puy in Santiago Mitte des 10. Jahrhunderts bestand ein enges Verhältnis zwischen Le Puy und Santiago. Der Weg führte durch die Cevennen westwärts. Hauptstationen waren Conques mit den hochverehrten Reliquien der hl. Fides (frz. Ste-Foy) und Moissac. In Ostabat vereinte sich dieser Weg mit den beiden vorgenannten. Auf der Via Podiensis trafen sich Pilger aus Mittelfrankreich und aus dem Raum der heutigen Schweiz.
Gemeinsam zogen die Pilger von Ostabat nach St-Jean-Pied-de-Port und am Paß von Roncesvalles über die Pyrenäen nach Süden.
– *Via Tolosana* ist der Name der Südroute, die in der Provence begann. Ausgangspunkte waren Arles beziehungsweise das nah gelegene St-Gilles am Rande der Camargue. Nur ein kurzes Stück folgte die Route der Mittelmeerküste. Von Montpellier ging es weiter im Landesinnern über St-Guilhem-le-Désert, Lodève, und Castres nach Toulouse, der wichtigsten Etappe und Namensgeberin dieses Weges. Auf dem weiteren Weg nach Westen kam man durch die Orte Auch, Hauptstadt der Gascogne, und Pau, Hauptstadt des Béarn beziehungsweise des französischen Teils von Navarra. Hier machte die Route einen Knick nach Süden und führte geradlinig auf die Pyrenäen zu. Oloron war die letzte große Station auf der Nordseite der Pyrenäen. Nach Überqueren des Col du Somport erreichte man auf spanischer Seite die Landschaft Aragón und alsbald deren einstige Hauptstadt Jaca. Bei Puente la Reina stießen die Pilger der Via Tolosana auf die Wanderer, die auf einer der drei anderen Strecken nach Spanien gelangt waren. Nun ging es gemeinsam auf dem *Frankenweg*, dem berühmten *Camino Francés* weiter nach Westen. Die Via Tolosana benutzten vornehmlich Südfranzosen und Italiener.

Neben diesen vier Hauptrouten gab es ein ganzes Geflecht aus diversen Nebenwegen. Als besonders bedeutend nennen wir den *Pyrenäenweg*. Er zweigte von der Via Tolosana bei St-Guilhem-le-Désert ab und führte parallel zu dieser, indes weiter südlich, zunächst am Rande der Corbières entlang – wichtigste Station dort: Carcassonne – und folgte alsbald den nördlichen Ausläufern der Pyrenäen westwärts über Foix, St-Lizier, St-Gaudens und St-Bertrand-de-Comminges. Bei Oloron fanden Via Tolosana und der Pyrenäenweg wieder zusammen. Beide Routen dürften im 12. Jahrhundert etwa gleichviel frequentiert worden sein.
Eine wichtige Rolle spielte auch der *Atlantische Weg*. Pilger, die einen Großteil ihrer Anreise mit dem Schiff zurückgelegt hatten, sich aber schon vor Bordaux ausschifften, gingen an der Girondemündung an Land. In Soulac-sur-Mer am nördlichsten Punkt des Médoc erwartete sie bereits ein erstes beliebtes Ziel, denn die dortige Kirche galt als Grablege der hl. Veronika, die das berühmte Schweißtuch nach Europa gebracht haben soll. Sie folgten von dort der Côte d'Argent bis Bayonne und hatten dann die Wahl zwischen dem *Kantabrischen Weg* entlang der spanischen Atlantikküste oder einer Route quer durch das Baskenland, bis sie in Burgos auf den Camino Francés stießen. Mitten durch Frankreich verliefen weitere Wege, die zum Teil zu hochbedeutenden Stätten und Wallfahrtsorten führten, bei Aimeric Picaud jedoch mit keiner Silbe erwähnt werden. Wir nennen die Orte Charroux, Angoulême und La Sauve-Majeure an einer Parallelroute der Via Touronensis, Rocamadour, Souillac und Agen an einem Nebenweg zwischen Via Lemovicensis und Via Podiensis, sowie Rodez, Albi und Rabastens an einer Querverbindung zwischen Via Podiensis und Via Tolosana.
Gänzlich schweigt sich der Bericht des Aimeric Picaud über Alternativen auf der Iberischen Halbinsel aus, obwohl es auch dort wichtige Routen gab. Schließlich lebten auch im arabisch besetzten Südspanien Christen, die es zum Jakobusgrab zog. Sie wanderten auf der *Ruta de la Plata*, der berühmten *Silberstraße*, nach Santiago. Ausgangspunkt war Sevilla in Andalusien. Nach Norden folgten Zafra, Mérida, Cáceres, Plasencia, Salamanca, Zamora und zuletzt Orense. Zu erwähnen ist auch der *Katalanische Weg*, der vom Nordosten der Iberischen Halbinsel seinen Ausgang nahm (Gerona, Barcelona) und über Lerida und Huesca (Nordroute) beziehungsweise über Saragossa und Soria (Südroute) den Anschluß an den Camino Francés fand. Zuletzt nennen wir den *Camino Portugués*. Portugal war bereits Mitte des 12. Jahrhunderts zum größten Teil von den Arabern befreit worden. Fortan zogen die portugiesischen Pilger von Lissabon über Coïmbra und Porto nach Galicien.

Architektur der Pilgerwege

In allen an der Entfaltung der romanischen Baukunst beteiligten Ländern Europas bildeten sich bereits im 11. Jahrhundert regionale Bauschulen aus. Diese wurden zugleich zum lebendigen Spiegel der von Land zu Land extrem unterschiedlichen politischen Verhältnisse. In Deutschland wurde immer dort Entwicklungsgeschichte geschrieben, wo der Schwerpunkt der königlich-kaiserlichen Macht lag. Das war zur Zeit der Ottonen der Raum Sachsens, später das Rheinland, nachdem zunächst die Salier und, auf diese folgend, die Staufer die Königswürde geerbt hatten, deren Stammesgebiete am Oberrhein lagen. In Frankreich, das bis in das 12. Jahrhundert hinein nicht die prägende Zentralgewalt besaß, die für Deutschland kennzeichnend ist, sondern wo die Landesfürsten die reale Macht innehatten, entwickelte sich stärker als irgend sonst eine schillernde Vielfalt unterschiedlicher Bauschulen. Auch wenn diese zum Teil von einer Landschaft in die andere übergriffen, lassen sich doch in jedem Fall immer klare Begrenzungslinien ziehen. Die ungewölbte dreigeschossige Emporenbasilika wurde zum Markenzeichen der Normandie, der einschiffige, von Kuppeln überwölbte Saal der vorherrschende Typus in Aquitanien, usw. In Spanien bietet sich wiederum ein fundamental anderes Bild. Hier lassen sich in den christlichen Provinzen im Nordteil der Halbinsel zwei Hemisphären unterscheiden. Der Osten mit der Landschaft Katalonien steht im 11. Jahrhundert in engem Austausch mit Oberitalien, konkret mit der Lombardei, deren wanderfreudige Künstler damals nicht nur nach Nordostspanien, sondern auch nach Burgund, ins Rheinland und bis hinauf nach Skandinavien zogen. Die Charakteristika der lombardisch-ostromanischen Baukunst sind kurz und prägnant zu benennen: die Wände sind aus einem nur grob zugehauenen Bruchstein geschichtet, aus dem Tür- und Fensteröffnungen wie ausgeschnitten erscheinen. Einziges Gliederungselement sind die flach der Wand aufgelegten Lisenen, die unterhalb des Dachansatzes durch kleine Blendarkadenfriese miteinander verbunden werden. Eine grundsätzlich andere Baugesinnung lassen die Kirchen der westlich an Katalonien angrenzenden Landschaften erkennen. Hier beherrscht bereits seit dem 11. Jahrhundert der glatt bearbeitete und sauber gefugte Quader die Szene, plastisch geformte Gliederungsteile rhythmisieren die Wände und lassen Portale wie Fenster als tief in die Wand gemuldet erscheinen. Diese westromanische Haltung korrespondiert mit den Bauschulen jenseits der Pyrenäen, also mit Frankreich. Aragón nimmt eine Sonderstellung ein. Dort trafen ost- (Italien) und westromanischer (Frankreich) Kunstkreis aufeinander, jedoch ohne daß es zu Mischformen gekommen ist. In Aragón findet man stilreine Bauten beider Richtungen. Eindrucksvoll ist das Beispiel der Ortschaft Santa Cruz de la Serós, wo nur wenige hunter Meter voneinander entfernt mit der Kirche San Caprasio ein klassischer Bruchsteinbau der lombardischen Tradition und mit der Klosterkirche Santa Maria ein Quaderbau der westromanischen Schule stehen. Santa Maria ist etwas jünger als San Caprasio. Man sieht daran, daß die Zukunft dem westromanischen Kunstkreis und seinen Errungenschaften gehören sollte. Er verdrängte die lombardisch geprägte Architektur, hielt im frühen 12. Jahrhundert Einzug in Katalonien und eroberte schließlich ganz Europa.

Im Zusammenhang mit der Pilgerbewegung hat der ostromanische Kunstkreis keine Rolle gespielt, wohl nicht zuletzt deshalb, weil die von ihm anfangs dominierten Gebiete von der Santiago-Wallfahrt nur am Rande berührt waren. An einigen Brennpunkten der Wallfahrt sind Bauten mit großer Verwandtschaft entstanden. Drei von diesen sind erhalten: Ste-Foy in Conques, St-Sernin in Toulouse und die Kathedrale in Santiago de Compostela. Zwei Beispiele kennen wir nur aus Beschreibungen und Zeichnungen, da sie in der französischen Revolution restlos zerstört wurden: St-Martial in Limoges und St-Martin in Tours. Es fällt auf, daß bei dieser Bautengruppe kein landschaftlicher Kontext besteht: Santiago ist der einzige Vertreter in Spanien, die vier französischen Beispiele verteilen sich auf die Landschaften Rouergue (Conques), Languedoc (St-Sernin), Limousin (St-Martial) und das Loiretal (St-Martin). Wegen der auffälligen Verwandtschaft hat man die Vertreter dieser Gruppe unter dem Begriff *Pilgerkirchentyp* zusammengefaßt. Und das sind die Gemeinsamkeiten:

– es handelt sich um Basiliken mit Emporen über den Seitenschiffen; eine Direktbelichtung durch den für die Basilika kennzeichnenden Obergaden findet nicht statt – man spricht deshalb auch von einer Pseudobasilika;

– kennzeichnend ist ein für die Romanik eher ungewöhnliches Vertikalstreben; die Mittelschiffe sind etwa dreimal so hoch wie breit;

– die Bauten sind im Mittelschiff von Tonnen, in den Seitenschiffen von Kreuzgraten und in den Emporen mit Vierteltonnen überwölbt;

– ebenfalls abweichend von anderen Bauten der Romanik ist die Tatsache, daß die Querhäuser nicht einschiffig, sondern dreischiffig angelegt sind;

– um den Chor legt sich ein Umgang mit davon radial ausstrahlenden Kapellen, das ideale Muster, größere Menschenmengen durch den Kirchenraum zu lotsen, ohne daß deshalb das Innere des Chorraumes hätte betreten werden müssen.

Bei dieser Übersicht fällt vielleicht am stärksten auf, daß die Bauschule von Cluny (dreigeschossiger Aufriß mit Arkade, Triforium und Obergaden; keine Emporen; zugespitzte Tonnen und Arkaden) auf die Ausbildung der Pilgerkirchen praktisch keinen Einfluß hatte, und das, obwohl doch gerade die Cluniazenser so regen Anteil an der Wallfahrt nahmen.

Die Bauforschung hat bis heute den Sinn der Emporen nicht enträtseln können. Zuvorderst haben sie natürlich eine baustatische Funktion, denn ihre Vierteltonnen stützen den horizontalen Schub der Mittelschifftonne. Die Theorie, wonach hier zusätzlicher Raum für Pilger geschaffen wurde, erscheint wenig überzeugend. Die Treppen, über die man diese Emporen erreicht, sind sehr schmal; in Conques gibt es deren überhaupt nur eine einzige. Man stelle sich das Gedränge im Halbdunkeln der schmalen Wendeltreppen vor! Denkbar ist ein spiritueller Hintergrund. Die reduzierte Lichtführung in den Pilgerkirchen erzeugt ein ganz eigenes Ambiente. Der von außen Eintretende braucht eine geraume Zeit, bis sich das Auge an das Dämmerlicht gewöhnt hat. Es ist an dieser Stelle zu bedenken, daß – ein weiteres gemeinsames Merkmal – die Portale der Pilgerkirchen aufwendig mit Skulpturen besetzt sind, und der Pilger eine geraume Zeit mit deren Betrachtung beschäftigt war. Die romanische Bilderwelt diente als eine Art »Seelenschleuse«, in der sich der Gläubige von den Gegebenheiten der äußeren Welt auf die Schau des Innern einstimmen konnte, zu der ihm der Kircheninnenraum die geeignete Atmosphäre bot.

Die Bauten der Pilgerkirchen gehören zu den herausragenden Schöpfungen der romanischen Architektur. Rein numerisch aber sind sie in der Minderzahl gegenüber einer erdrückenden Mehrheit von Pilgerkirchen, die je nach Ort ganz in ihrer Landschaft verwurzelt sind.

St-Pierre in Aulnay etwa, einer der schönsten Bauten französischer Romanik, vertritt stilrein den Typus der poitevinisch-westfranzösischen Staffelhalle, und anstelle des Pilgerchores wurde eine Dreiapsidenanlage errichtet. Besonders ungewöhnlich erscheint es, daß die Kathedrale in Santiago de Compostela in Spanien ein Einzelfall geblieben ist. Obwohl sich gerade hier die Zahl der Pilger, die noch in Frankreich auf zahlreiche Routen aufgesplittet war, zu einem kohärenten Strom verdichtete, vermißt man selbst in großen und bedeutenden Kirchen entlang des Camino Francés den Pilgerchor mit Umgang und Radialkapellen. Neben Santiago kennen wir nur zwei weitere Beispiele dieser Art – die Kirche in Santo Domingo de la Calzada (Rioja) und die Klosterkirche in San Juan de las Abadessas, und die steht in Katalonien, weitab des Pilgerweges. Nun ist gerade San Juan de las Abadessas ein Fall, in dem die Urheberschaft eines französischen Architekten so gut wie gesichert ist. Das heißt im Klartext, daß der Pilgerchor primär nicht ein Zeichen für Wallfahrt ist, sondern in der Hauptsache eine französische Eigenform darstellt, die außerhalb Frankreichs – zumindest in der Zeit der Romanik – kaum Nachfolge fand. Das relativiert auch die immer wieder beharrlich von französischen Forschern vorgetragene These, wonach die Romanik der Iberischen Halbinsel ohne den Einfluß der französischen Baukunst gar nicht denkbar ist. Die spanische Romanik ist in enger Verbindung mit der französischen Architektur des 11./12. Jahrhunderts entstanden, gewiß, hat aber davon unabhängig ihre ganz eigenen Leistungen hervorgebracht. Mehr noch: die Fluktuation entlang der Pilgerwege hat es mit sich gebracht, daß auch umgekehrt Anregungen von spanischer Seite Eingang in die französische Baukunst fanden, man denke nur an das Prinzip der sich kreuzenden Bandrippen in den Kuppeln mancher Kirchen beidseits der Pyrenäen (Torres del Rio, Hôpital-St-Blaise und andere).

Wir halten fest: abgesehen von einer kleinen Gruppe des sogenannten Pilgerkirchentyps sehen wir entlang den Routen der Jakobus-Wallfahrt in größerer Zahl Kirchen, deren Erscheinungsbild mit lokalen Traditionen enger in Verbindung steht als mit überregionalen Bauformen.

Anfang des 13. Jahrhunderts trat die Gotik ihren europaweiten Siegeszug an. In dieser Epoche nun ist die Führungsrolle der französischen Kunst nicht zu leugnen. In Spanien kam es zur Ausbildung einer landestypischen Gotik. Die meisten Kathedralen halten an der Geschlossenheit der Wand fest, nur wenige folgen dem französischen Prinzip der völligen Wandaufbrechung. So haben die meisten gotischen Kathedralen Spaniens einen burghaften Charakter – keine Überraschung in einem Land, dessen Geschichte vorwiegend mit Blut anstatt mit Tinte geschrieben wurde! Entlang dem Camino Francés allerdings, das zeigt den stetig zunehmenden Einfluß Frankreichs im Hochmittelalter am Pilgerweg, lehnen sich die großen Kathedralen an die Gotik des französischen Kronlandes an: Pamplona, Burgos, León.

Infolge von Revolutionen und Säkularisation ist vieles vom einstigen Denkmälerbestand zerstört worden. In der Hauptsache sind es heute noch Kirchen, die von der großen Pilgerfahrt des Mittelalters Zeugnis ablegen. Dabei beobachten wir Bauten unterschiedlicher Zweckbestimmung. Vorwiegend handelt es sich hierbei um Klosterkirchen, seien es nun Abteikirchen oder Prioratskirchen. In einzelnen Fällen wurden offenbar Kirchen eigens für den Pilgerverkehr angelegt, ohne daß es an der betreffenden Stelle eine nennenswerte Mönchsgemeinschaft gab – Aulnay in der Saintonge ist ein solcher Fall. Wir kennen aber auch Friedhofskirchen, die als Memorialbauten für unterwegs verstorbene Pilger gedacht waren. In Frankreich ist ein solches Beispiel in St-Michel-d'Entraygues bei Angoulême erhalten, in Spanien die Totenkapellen von Eunate und Torres del Rio (beide in Navarra). Die Pilgerhospize aus romanischer Zeit können wir meist nur aus Quellen erschließen, baulich ist von diesen kaum etwas präsent. In Pons in Westfrankreich ist zumindest noch die Eingangshalle eines solchen Hospizes erhalten, darin in die Wände eingraviert zahlreiche Hufeisen, schon damals ein geläufiges Glückssymbol. Beispiele aus dem Spätmittelalter trifft man schon eher an, wie etwa das Hospiz in Santo Domingo de la Calzada. Vollständig erhalten ist das heute wie damals größte Pilgerhospiz, nämlich jenes, das 1492 die Katholischen Könige Isabella von Kastilien und Ferdinand von Aragón auf dem Höhepunkt ihrer Macht in Santiago de Compostela errichten ließen. Fertiggestellt wurde es erst im 19. Jahrhundert. Heute besteht der mächtige Bautenkomplex aus vier großen Höfen. Die einstige Pilgerherberge ist inzwischen zu einem Luxushotel der Parador-Kette umgewandelt worden.

Eine andere Form des Profanbaus ist hingegen noch allgegenwärtig: die Brücken. Da es vielerorts Flüsse zu überqueren galt, die gerade im Frühjahr hohes Wasser führten, so daß nicht jederzeit Furten zu benutzen waren, mußten zahlreiche Brücken für den Pilgerverkehr erbaut werden. In Spanien hat sich eine erstaunliche Zahl erhalten, weil sie natürlich auch später gute Dienste leisteten, als der Zulauf an Pilgern keine besondere Rolle mehr spielte. Eine der bekanntesten ist die gotische Brücke in Puente la Reina.

Romanische Skulptur entlang des Jakobsweges

Im Kanon der Kunstgattungen hinkt im 11. Jahrhundert die Skulptur der Entwicklung der Malerei hinterher. Die Begründung ist einfach. Während Malerei von der Spätantike bis ins Mittelalter ungebrochen fortgesetzt wurde, war das Medium der Steinskulptur mit dem Ende der Antike entschlummert und machte erst in der Zeit um 1000 wieder erste unbeholfene Schritte. Das gilt zumindest für den größten Teil Europas, nicht jedoch für die Iberische Halbinsel. Hier sehen wir das einzige Terrain, wo Skulptur auch über die Antike hinaus kontinuierlich weiter gepflegt wurde. Die Westgoten schmückten einige ihrer Kirchen des 7. Jahrhunderts aufwendig mit Relieffriesen (Quintanilla de las Viñas) und kreierten als erste die Form des später für die Romanik so kennzeichnend gewordenen Figurenkapitells (San Pedro de la Nave). Das Asturische Zeitalter (9. Jahrhundert) knüpfte nahtlos an die westgotischen Errungenschaften an. In der Kirchengruppe auf dem Berg Naranco bei Oviedo sieht man skulptierte Friese, Kapitelle und Türrahmungen. Die mozarabische Kunst (10. Jahrhundert) mied zwar die figürliche Darstellung, entwickelte aber im Bereich der ornamentalen Architekturdekoration ein hohes Maß an künstlerischer Vollendung (Santiago de Peñalba bei Ponferrada, San Miguel de Escalada bei León und andere). Nördlich der Pyrenäen trat erstmals seit dem Ende der Antike Narbonne mit bildhauerischen Leistungen bereits in karolingischer Zeit auf den Plan. Hier wurden im 9. Jahrhundert kunstvolle Altarplatten aus Marmor gearbeitet, mit denen man das ganze Umfeld des Languedoc belieferte. Demnach mußte geradezu zwangsläufig dem Pyrenäenraum die historische Aufgabe zufallen, Wiege der romanischen Skulptur zu werden. Gemeinhin wird der Türsturz von St-Genis-des-Fontaines (Roussillon), dessen Entstehung durch eine Inschrift für das Jahr 1020 verbürgt ist, als Beginn der romanischen Skulptur gewertet. In Wahrheit handelt sich jedoch bei diesem vermutlich nach der Vorlage einer geschnitzten Elfenbeinplatte gearbeiteten Steinbalken um eine letzte Äußerung der mozarabischen Kunst, denn die kleinen Apostelfiguren zu Seiten des thronenden Christus stehen unter den für die mozarabische Kunst charakteristischen Hufeisenbögen. In St-André-de-Sorrède, nur wenige Kilometer von St-Genis entfernt, zeigt der dortige nur wenige Jahre jüngere Türsturz im Eingang zur Kirche St-André auf der rechten Seite den Hufeisenbogen, die Figuren der linken Seite werden von dem romanischen Rundbogen überfangen. Hier haben vermutlich zwei Künstler gearbeitet, ein älterer, der noch ganz in der Tradition der Kunst des 10. Jahrhunderts stand, und der Vertreter einer jüngeren Generation. Wir sehen an diesem Beispiel, daß der Übergang vom Mozarabischen zum Romanischen fließend war, und die romanische Bildhauerei keineswegs ohne eine vorherige Entwicklung aus dem Nichts heraus entstand. Die Diskussion, die in der kunstgeschichtlichen Forschung seit 1920 über Jahrzehnte wie ein Glaubenskrieg ausgetragen wurde, ob nun Frankreich oder Spanien eine Führungsrolle bei der Entwicklung der romanischen Skulptur zuzuerkennen sei, erscheint heute, rückblickend, unsinnig. Dank des engen Austauschs zwischen den Kunstlandschaften beidseits der Pyrenäen muß man diese als einen größeren kohärenten Raum kulturgeographischer Gemeinsamkeiten ansprechen – eine Trennung zwischen Norden und Süden geht an den tatsächlichen Gegebenheiten vorbei. Daß diese Fluktuation sich im 12. Jahrhundert eher noch intensivierte, ist eines der Verdienste der Jakobus-Wallfahrt.

Im letzten Viertel des 11. Jahrhunderts machte die Skulptur am Jakobsweg eine sprunghafte Entwicklung. Damals entstanden gleichzeitig in Toulouse und in Santiago de Compostela die großen romanischen Pilgerkirchen. In ihren Kapitellen gewinnt die Skulptur erstmals ein größeres plastisches Volumen. Zugleich beschreitet sie den Weg der Monumentalisierung. Die Bildhauer lösen sich zunehmend von den miniaturhaften Maßen der frühen Romanik und erschaffen in der Zeit um 1100 erstmals Figuren größerer Formate. Dies geschieht etwa gleichzeitig in den Pfeilerreliefs der Kreuzgänge von Moissac und Santo Domingo de Silos beziehungsweise in Toulouse, wo der Bildhauer Bernardus Gelduinus neue Maßstäbe setzte. In dessen Arbeiten (Chorumgangreliefs und der Altar in St-Sernin) sehen wir zum ersten Mal die Auseinandersetzung mit Formen der Antike: Porträthaftigkeit und kunstvoll drapierte Gewandungen.
Das Aufgreifen römisch-antiker Vorbilder erscheint gleichzeitig an Skulpturen in Spanien. Einige Kapitelle am Südportal der Kathedrale in Jaca (Aragón) sowie im Innern der Kirche San Martín in Frómista (Kastilien) atmen denselben von römischer Kunst inspirierten Geist wie die Arbeiten des Bernardus Gelduinus in Toulouse. Erst im Laufe des 12. Jahrhunderts bilden sich lokale Eigenheiten aus, so daß man fortan leichter zwischen einer spanischen und einer französischen Skulptur unterscheiden kann. Die spanischen Skulpturen sind kompakter, haben in der Regel Köpfe, die im Verhältnis zum Körper zu groß erscheinen, und zeigen eine gelegentlich schon expressiv übersteigerte Wiedergabe bestimmter Details wie etwa der Augen. Exemplarisch sind dafür die Kapitelle des Meisters von San Juan de la Peña und seiner Schule. Die französischen Bildhauer beschritten dagegen einen Weg zu einer immer feinnervigeren Durchdringung ihrer Gestalten. Diese erscheinen biegsam, elegant, leicht manieriert in die Länge gestreckt. Den Höhepunkt dieser Entwicklung markieren die Trumeaufiguren am Portal von Moissac und der Jesaja von Souillac.
An der Ausbildung des mittelalterlichen Stufenportals waren gleichfalls die Landschaften beidseits der Pyrenäen beteiligt. Die Porte des Comtes an St-Sernin in Toulouse und das Westportal der Kathedrale in Jaca, beide in die Zeit um 1090 datiert, zeigen in ausgereifter Form das tief in die Wand gestufte Portal mit eingestellten Säulen und Archivolten. In Jaca ist bereits das Tympanon als der wichtigste Bildträger des romanischen Portals definiert, am Doppelportal der Porte des Comtes gibt es noch kein Tympanon; dieses erscheint in Toulouse erst nach der Wende zum 12. Jahrhundert erstmals in der Porte Miégeville.
Das romanische Tympanon zeigt grundsätzlich in seiner Mitte die Gestalt Christi – sinnbildhafter Ausdruck für das christozentrische Weltbild des 11./12. Jahrhunderts. Darstellungen des Weltgerichts nehmen entgegen landläufiger Meinung nur geringen Raum ein.
An den Jakobswegen kennen wir nur ein einziges monumentales Weltgerichts-Tympanon, jenes von Ste-Foy in Conques. Die themati-

sche Weite ist eher verblüffend. Man sieht häufiger die Himmelfahrt (Toulouse, St-Sernin; Kathedrale in Cahors, Nordportal; León, San Isidoro, Puerta del Perdón), die Parusie (= Wiederkunft Christi), in: Moissac; Angoulême; Santiago, Portico de la Gloria), oder Tiere, die symbolisch für den Heiland stehen (in Jaca sind es im Westportal der Kathedrale Löwen, in der Puerta del Cordero an San Isidoro in León ein Lamm).

Während in Frankreich das Tympanon im 12. Jahrhundert wichtigster Ausdrucksträger des Gestaltungswillens wurde, ist es zum Merkmal der spanischen Romanik geworden, ganze Eingangswände mit Skulpturen zu überziehen und im engeren Portalbereich den Archivolten stärkeres Gewicht zu verleihen als den Tympana. Die Westprovinzen Frankreichs, insbesondere die Landschaft Poitou, haben einen ähnlichen Weg beschritten. Das Poitou kennt als einzige Kunstlandschaft Frankreichs keine Tympana, sondern bevorzugt den Typus des Archivoltenportals; zudem besitzt nur diese Landschaft Beispiele jener figurenreichen Fassadenwände, die die französische Forschung als *façade écran* bezeichnet hat (»Leinwand-Fassade« als assoziativer Begriff, der das Bild einer Kinoleinwand meint). Die Fassaden von St-Pierre in Angoulême und von Nôtre-Dame-la-Grande in Poitiers haben in den Fassaden von Santa Maria la Real in Sangüesa und in der Puerta de las Platerías der Kathedrale in Santiago ihre entsprechenden Gegenstücke. In diesem Fall ist die Anregung von Spanien ausgegangen.

Die romanische Skulptur ist in hohem Maße symbolbesetzt und theologisch tiefgründig. Die Passion des Herrn ist ihr so gut wie fremd, weil sie das Bild vom Himmelskönig empfindlich stört – so jedenfalls gilt es für Frankreich und andere Regionen in Europa. Die Situation in Spanien ist anders. Hier ist die Passion des Herrn schon früh thematisiert worden, mit der Kreuzabnahme ein Bildtypus geschaffen, der, von Spanien ausgehend, Eingang in Südfrankreich, Italien und Deutschland fand.

Entlang des Jakobsweges beobachten wir eine Besonderheit, die aus dem Rahmen des Üblichen fällt. Hier erlebt man gehäuft Burleskes, Szenen aus dem Alltagsleben, nicht selten deftige erotische Darstellungen. Am Südportal von St-Pierre in Aulnay hält ein Chorknabe in Gestalt eines Eselchens einem Priester in langer Stola, ebenfalls ein Esel, das Antiphonar zum Vorsingen entgegen, im selben Portal schlägt ein anderer Esel die Harfe. In den Archivolten des Portals von Ste-Marie in Oloron wird szenenreich der Fang, der Verkauf und die tafelfertige Zubereitung eines Lachses geschildert. Dieses ließe sich unter Rubrik Humor beziehungsweise Einblicke in das Alltagsleben verbuchen. Wie aber steht es mit dem Thema Erotik/Sexualität? In einem der Kapitelle der Kollegiatskirche in St-Gaudens (Landschaft Comminges) sieht man Äffinnen, die an ihrer gespreizten Scham spielen, indes eine Reihe gefesselter Männer, gefangen in der Triebhaftigkeit, lüstern zuschaut. Gerade die sexuellen Darstellungen sind in Spanien häufiger als in Frankreich anzutreffen. An den Kragsteinen der Kirchen in Uncastillo (Aragón), Artaiz (Navarra) und Cervatos (Kantabrien), um nur einige der eindrucksvollsten Beispiele zu nennen, sieht man Männer mit überdimensionierten Geschlechtsteilen, kopulierende Paare in unterschiedlichen Stellungen, Männer wie Frauen bei der Selbstbefriedigung. Bislang galten diese Bilder als karnevaleske Monster zum Zweck der Dämonenbannung und als Ausdruck der allgemeinen Sexualfeindlichkeit des mönchischen Zeitalters. Neuerdings wird ein weiterer Aspekt diskutiert. Da viele der weiblichen Gestalten ein Kopftuch tragen und deshalb unschwer als Muslime zu identifizieren sind, könnten diese drastischen Bilder als Teil einer antiislamistischen Propaganda gedeutet werden. So stünden auch diese Bilder in demselben Dienst, in den der hl. Jakobus gestellt wurde, der als christliche Identifikationsfigur das Leitbild der Reconquista war.

Camino Francés

Der Frankenweg

Aragón

Aragón

Geographie und Geschichte

Aragón hat zwei fundamental verschiedene Gesichter. Der Nordteil liegt in den zentralen Pyrenäen, die hier, anders als im Osten (Katalonien) und im Westen (Navarra/Baskenland) eine nahezu unüberwindbare Barriere darstellen. Die Spitzen des Maladeta-Massivs reichen bis auf über 3000 m Höhe. Einzig der Paß von Somport bot im Mittelalter eine begehbare Verbindung zwischen der Nord- und der Südseite der Pyrenäen. Der Südteil Aragóns umfaßt den mittleren Abschnitt des Ebrotals mit seiner endlos weiten Ebene. Aragón ist seit der Regionalisierung Spaniens (1983) die viertgrößte autonome Region des Landes (47 669 km^2) mit den drei Provinzen Huesca, Saragossa und Teruel (von Norden nach Süden), zugleich die mit 25 Einwohnern pro km^2 zweitdünnst besiedelte Region Spaniens. Zwei Jahre nachdem die Mauren die erste große militärische Schlappe hatten einstecken müssen (732, Schlacht bei Tours und Poitiers) und sich fortan ganz auf das Geschehen auf der Iberischen Halbinsel konzentrierten, zerstörten sie 734 die Festung Pano, das letzte christliche Widerstandsnest in Aragón. Im 9. Jahrhundert wurde das versteckt in den Bergen gelegene San Juan de la Peña die erste Keimzelle der Reconquista in dieser Landschaft. Anfang des 10. Jahrhunderts eroberte König Sancho Garcia (905–925) von Navarra Aragón, das nun bis ins 11. Jahrhundert mit dem westlichen Nachbarn vereint blieb. Nach dem Tode Sanchos III. d. Ä., auch genannt Sancho der Große, wurde Aragón von Navarra wieder abgetrennt und erlangte den Status eines unabhängigen Königreichs. Der erste König, Ramiro I. (1035–1065), erbte die Grafschaften Sobrarbe und Ribagorza, und dehnte dadurch das Herrschaftsgebiet Aragóns nach Süden aus. Nach der Ermordung Sanchos IV. von Navarra, Enkel Sanchos d. Ä., fiel Navarra 1072 an Aragón – die Verhältnisse verkehrten sich also gegenüber dem frühen 11. Jahrhundert, als Navarra die stärkere Seite war. Von nun an ging Aragón unbeirrt den Weg seiner kontinuierlichen Ausdehnung. Peter I. (1094–1104) befreite – zum Teil unter tätiger Mithilfe französischer Ritter – die Städte Barbastro und Huesca von den Mauren. Letztere wurde kurzfristig Hauptstadt Aragóns anstelle von Jaca. König Alfons I. (1104–1134) eroberte 1118 das muslimische Saragossa, das als Hauptstadt Aragóns die Nachfolge von Huesca antrat. Ramiro II., genannt der Mönch, wurde von Navarra nicht anerkannt, das sich von Aragón wieder lossagte. Ramiro II. starb ohne männlichen Erben. Seine Tochter Petronilla hatte er mit dem Grafen Raimund Berengar IV. von Barcelona verheiratet, der nach Ramiros II. Tod dessen Nachfolge antrat. So wurden Aragón und Katalonien miteinander vereint, die Grafen von Barcelona/Katalonien stiegen zu Königen von Aragón auf. Fortan hatte der Binnenstaat damit den Zugang zum Mittelmeer, und das sollte die politische Haltung Aragóns im Hoch- und Spätmittelalter nachhaltig bestimmen. Die Blickrichtung ging nun nicht mehr nach Westen wie zuvor, sondern schwenkte nach Osten. Noch im 12. Jahrhundert gewann

Aragón Teile der Provence. Anfang des 13. Jahrhunderts hatte Aragón die Führungsrolle unter den jungen christlichen Königreichen Nordspaniens. König Peter II. der Große war der strahlende Sieger von Navas de Tolosa (1212). Es war der größte Triumph der Christen in der gesamten Zeit der Reconquista. Doch schon im Jahr darauf fiel er (1213, Schlacht von Muret), als er seinem bedrängten Schwager, Graf Raimund VI. von Toulouse, gegen die Kreuzritter in Südfrankreich zu Hilfe eilte. Mit Jakob I. (Jaime) dem Eroberer (1213–1276) begann die Großmachtspolitik Aragóns. Über Sizilien reichte der Einflußbereich Aragóns im 14. Jahrhundert schließlich bis nach Griechenland. 1410 starb das Haus Barcelona/Aragón mit Martin I. aus. Es folgte mit Ferdinand I. (1412–1416) eine Seitenlinie des in Kastilien herrschenden Hauses Trastámara. Ferdinand II. (1479–1516) heiratete 1469 Isabella von Kastilien, dadurch waren fortan Aragón und Kastilien miteinander vereinigt.

Die Etappen der Jakobspilger

Jaca

Pilger, die auf der Via Tolosana dem Nordrand der Pyrenäen bis Oloron gefolgt waren, zogen von dort nach Süden und überquerten das Gebirge am Col du Somport. Auf der Südseite des Höhenzuges erreichten sie in Jaca die erste große Stadt auf dem Boden der Iberischen Halbinsel. Nachdem der Ort bereits im 9. Jahrhundert von den Arabern befreit worden war, stieg Jaca nach der Trennung Aragóns von Navarra 1054 zur Hauptstadt des jungen christlichen Königreichs Aragón auf, verlor diese Position jedoch bereits ein halbes Jahrhundert später an Huesca. Dennoch behielt Jaca als grenznaher Stützpunkt hohe Bedeutung. 1571 ließ Philipp II. am Rande der Stadt eine Zitadelle anlegen.

Die im 11. Jahrhundert errichtete *Kathedrale* gilt als die älteste Spaniens. Ihre Architektur wie gleichfalls ihr skulpturaler Dekor haben überregionale Bedeutung. Der Bau wurde in Angriff genommen, kaum daß Ramiro I. Jaca Mitte des 11. Jahrhunderts zu seiner Residenz erwählt hatte. Bereits aus dem Jahr 1063 erfahren wir von einer feierlichen Weihe, an der hohe kirchliche Würdenträger teilnahmen: die Bischöfe von Auch, Bigorre, Oloron, Calahorra, Leyre, Urgel und Saragossa. Allerdings war damals erst die Ostpartie fertiggestellt.

Die Errichtung des Langhauses zog sich noch bis in das ausgehende 11. Jahrhundert hin. Der dreischiffige Quaderbau mit einem nicht fluchtenden Querhaus und einer Dreiapsidenanlage im Osten, ursprünglich mit einem offenen hölzernen Dachstuhl gedeckt, erhielt in spätgotischer Zeit seine Einwölbung. Der Grundriß wurde Vorbild für zahlreiche romanische Kirchen Aragóns und beeinflußte noch die Baukunst Altkastiliens im 12. Jahrhundert.

Dem Westportal ist ein gewölbter Portikus vorgeschaltet, wie er beidseits der Pyrenäen in der Romanik verbreitet war. Das Portal selbst ist einer der ältesten Vertreter des Stufenportals. Entgegen früheren Datierungen, die das Portal als ein Werk des 12. Jahrhunderts interpretierten, hat sich jetzt die Ansicht durchgesetzt, daß es in den letzten Jahren des 11. Jahrhunderts entstanden sein muß. Damit ist es eines der ersten Beispiele eines Portals mit einem Tympanon über dem Eingang (S. 24–25). Darin sieht man ein Chrismon, das als Bild im Pyrenäenraum sehr verbreitet ist, mit zwei Löwen daneben. Das Chrismon beinhaltet die Symbolik der Dreieinigkeit, worauf eine Umschrift ausdrücklich hinweist. Die Bedeutung des Löwen in der romanischen Bilderwelt ist stets ambivalent. Der König der Tiere kann als Symbol des Guten genauso stehen wie als Metapher destruktiver Gewalt. Hier erleben wir den seltenen Fall, daß der Sinn der Löwen durch eine Inschrift ausdrücklich dargelegt wird: PARCERE STERNENTI LEO SCIT, XRISTUSQUE PETENTI – IMPERIUM MORTIS CONCULCANS EST LEO FORTIS (frei übersetzt: Der Löwe weiß den Flehenden zu schonen wie Christus den Bittenden – Der starke Löwe zertritt das Reich des Todes). Unzweifelhaft steht der Löwe also in beiden Fällen für Christus, nur mit unterschiedlichen Qualitäten. Links ist es der beschützende Heiland, rechts – dieser Löwe fletscht die Zähne – ist es der kampfbereite Vernichter des Bösen. Dieses Bild ist eine beinahe wörtliche Übertragung des 13. Verses aus dem 91. Psalm, wo es heißt: »Über Löwen und Ottern wirst du gehen und junge Löwen und Drachen niedertreten« – eine in der Romanik ebenso wie später in der Gotik oft zitierte Sequenz. Der Drache ist deutlich zu erkennen, aber anstelle des Löwen sieht man hier einen Bären, der den Pyrenäeneinwohnern früherer Jahrhunderte als Inbegriff des Schreckens gegolten hat. Ohne die Beischriften stünde man heute hilflos vor diesem Portal.

Im Innern der Kathedrale befinden sich bedeutende Kapitelle. Durch Umbau (wohl bei der Einwölbung) gelangten einige von ihnen in den kleinen Narthex vor dem Südportal der Kathedrale. Als Werke des 11. Jahrhunderts setzen sie in Erstaunen, denn die sichere Erfassung menschlicher Anatomie und die an antike Vorbilder gemahnende Souveränität der Gewandbehandlung als Erkennungsmerkmale dieses Meisters von Jaca zeigen ein Niveau, das den Skulpturen des Bernardus Gelduinus in Toulouse um nichts nachsteht.

Ein Werk der hohen Romanik in Jaca ist der figurenreich dekorierte *Sarkophag der Doña Sancha* aus dem 12. Jahrhundert. Das Grabdenkmal befand sich bis ins 17. Jahrhundert in der Klosterkirche von Santa Cruz de la Serós. Heute steht es in Jaca in der Kapelle San Salvador des Benediktinerinnenklosters. In diesem Sarkophag waren drei Schwestern aus königlichem Geblüt beigesetzt: Doña Urraca, Doña Sancha und Doña Teresa, die drei Töchter Ramiros I., die nacheinander in das Kloster von Santa Cruz de la Serós eingetreten waren. Zwei verschiedene Bildhauer schufen diesen Sarkophag. Er ist an allen vier Seiten mit Reliefs verziert, an den Schmalseiten mit zwei Greifen und einem Chrismon; auf der Rückseite sind ein Ritterduell und der Kampf Samsons mit dem Löwen dargestellt. Die Hauptansicht ist dreigeteilt. Im Zentrum sieht man in entblößter Kindesgestalt die Seele der Doña Sancha in einer von Engeln gehaltenen Mandorla, links davon einen Bischof mit zwei Meßdienern und rechts Doña Sancha mit ihren beiden Schwestern.

Abb. 1–4

Santa Cruz de la Serós

In einem stillen Seitental des Rio Aragón liegt am nördlichen Fuß der Sierra de la Peña die Ortschaft Santa Cruz de la Serós, eine der frühen Pflanzstätten christlicher Kultur nach der Vertreibung der Mauren. Hier wurden nah beieinander im 10. Jahrhundert zwei Klöster gegründet, eines für Mönche, das andere für Nonnen. Erhalten sind lediglich die beiden Kirchen, die Konventsbauten sind dagegen restlos verschwunden. Die dazugehörige Ortschaft zählt nur wenige hundert Seelen.

Das Sanktuarium des ehemaligen Mönchsklosters, die Kirche *San Caprasio*, ist die ältere von beiden. Es handelt sich um einen kleinen einschiffigen Saal mit knapp 30 m^2 Grundfläche. Das Gewölbe besteht aus zwei quadratischen Kreuzgraten. Nach Osten schließt das schlichte Chorrund an. Wir erkennen die typischen Merkmale des ostromanisch-lombardischen Kunstkreises, der im benachbarten Katalonien im 11. Jahrhundert den Ton angab: Bruchstein, der nur geringfügige Spuren von Bearbeitung zeigt, Verzicht auf Bauskulptur, Lisenengliederung und unterhalb des Dachansatzes den charakteristischen Fries aus kleinen Blendarkaden. Wir kennen keine Baudaten, aber es dürfte außer Zweifel stehen, daß San Caprasio deutlich vor dem Ende des 11. Jahrhunderts entstand. Mitte des 12. Jahrhunderts erhielt der kleine Bau einen gedrungenen Glockenturm. Damals war das Kloster der Mönche bereits wieder aufgelöst und San Caprasio zur Pfarrkirche der Gemeinde umgewandelt.

Santa Maria, die Kirche des Nonnenklosters, ist jüngeren Datums. Auf einen Vorgänger des 11. Jahrhunderts folgte das hochromanische Bauwerk, das Ende des 11. Jahrhunderts begonnen wurde. Den Anstoß zum Neubau soll Doña Sancha gegeben haben. Die Tochter Ramiros I. war nach dem Tod ihres Ehemanns, des Grafen Armengol III. von Urgel, der im Kampf gegen die Araber gefallen war, ihren Schwestern ins Kloster von Santa Cruz gefolgt. Sie starb im Anfangsstadium der Bauarbeiten 1097 und wurde wenige Jahrzehnte später zusammen mit ihren Schwestern in jenem Sarkophag beigesetzt, der sich heute in Jaca befindet.

Das vollständig aus geglätteten Quadern errichtete Bauwerk erscheint betont schlicht, zugleich gibt es einige Rätsel auf. Das Langhaus ist ein hoheitlich wirkender Saal, von einer Tonne überwölbt, der sich nach Osten in das Chorrund weitet. Zu den Seiten fluchten zwei rechteckige Anbauten, die zwar durch eine Arkade mit dem Schiff verbunden sind, dieses jedoch nicht durchdringen und deshalb nicht als Querschiff anzusprechen sind. Die liturgische Funktion dieser Raumkörper ist ungeklärt. Am Außenbau fällt neben dem trutzigen Glockenturm, der sich über dem südlichen der beiden Annexräume erhebt, eine oktogonale Aufstockung über dem Kirchenschiff auf, die sich im Innern als überkuppelter Zentralraum zu erkennen gibt, erreichbar über eine in die Nordwand eingelassene Treppe.

Abb. 5, 6

San Juan de la Peña

Versteckt und vor Unbilden der Witterung gut geschützt, liegt unterhalb eines großen Felsüberhangs das ehemalige Kloster San Juan de la Peña, einst die Keimzelle der Reconquista in Aragón. Im 8. Jahrhundert soll sich hierher der Eremit Juan de Atarés zurückgezogen haben. Seinem Vorbild folgte der Ritter Voto, der auf der Jagd einen Hirsch in das unwegsame Gelände verfolgt hatte und nur durch das Erscheinen Johannes des Täufers vor dem Absturz gerettet wurde. Seit der Mitte des 9. Jahrhunderts muß es ein benediktinisches Kloster gegeben haben, das zwar wiederholt von Arabern heimgesucht, jedoch nicht aufgegeben wurde. Seit dem 10. Jahrhundert wurden hier zunächst die Herrscher Navarras beigesetzt, später – nach der Trennung Navarras und Aragóns – die Könige von Aragón. So ist San Juan de la Peña zwangsläufig ein beinahe mythischer Ort geworden. Trotzdem trennten sich die Mönche 1675 nach einem Brand von ihrem Kloster und siedelten sich weiter höher an einem weniger schattigen Flecken an.

Aus mozarabischer Zeit stammt eine kleine zweischiffige Halle, über der im späten 11. Jahrhundert ein Kirchenneubau ausgeführt wurde, so daß der Vorgänger zwangsläufig zur Krypta mutierte. Der Ostteil dieser einschiffigen Kirche mit seinen drei Apsiden ist in den gewachsenen Fels gehauen, so daß sich in dem Bauwerk von der Natur geformter Stein mit solchem, den Menschenhand schichtete, vermählt. Der Grund für die Errichtung der neuen Kirche hing mit einem liturgiegeschichtlichen Ereignis zusammen. 1071 war in San Juan de la Peña, das sich dem frischen Wind der von Cluny ausgehenden Klosterreform geöffnet hatte, die römisch-katholische Liturgie an die Stelle der alten mozarabischen getreten. 1094 wurde das Bauwerk geweiht. Auf der Nordseite der Kirche befinden sich in zwei Etagen übereinander die Grabstätten der navarresischen und aragonesischen Könige. Zur Südseite führt eine Seitentür mit einem Hufeisenbogen von der Kirche in den Kreuzgang, der durch den darüber hängenden Fels wie überwölbt erscheint.

Ein Teil des Kreuzgangs, dessen Säulen frei stehen und nicht, wie sonst, ein Dach oder ein Gewölbe tragen, das unter dem Felsüberhang sinnlos gewesen wäre, ist zerstört. Aus den erhaltenen Resten wurde der heutige Zustand rekonstruiert. Der Meister, der die Kapitelle um 1150 oder kurz danach geschaffen hat, fällt durch seinen eigenwilligen Stil auf. Seine Figuren sind kompakt, wirken beinahe bäuerlich, aus den Gesichtern quellen die Augen hervor. Trotzdem besitzt das Ganze Schwung und ein hohes Maß an Ausdrucksstärke. In diesen Werken ist früh ein spezifisch spanischer Zug zur Ausbildung gekommen, in dem sich Drastik und Empfindsamkeit, Pathos und Verhaltenheit zu einem eigentümlichen Idiom vermengen.

Abb. 7–10

Loarre

Südlich von Jaca und San Juan de la Peña liegen verstreut einige Ziele, die abseits der Hauptroute liegen, die aber zum Teil von Pilgern aufgesucht wurden, die von Katalonien her nach Aragón gelangten. Die *Burg von Loarre* ist das eindrucksvollste Denkmal der Reconquistazeit in Aragón. Sie ragt in 1100 m Höhe auf steilem Felssporn über dem Rio Gállego auf. Grabungen haben den Nachweis erbracht, daß hier bereits in römischer Zeit ein Beobachtungsposten stationiert war. Als Sancho III. von Navarra 1035 sein Herrschaftsgebiet unter seine Söhne teilte, befand sich hier ein befestigter Vorposten gegen die Mauren, den diese Mitte des 11. Jahrhunderts vorübergehend in ihre Gewalt brachten. 1070 gelang Sancho Ramírez, dem zweiten Monarch des jungen Königreichs Aragón, die Rückeroberung von Loarre. Unverzüglich ließ er die Burg zu einer uneinnehmbaren Festung ausbauen, die fortan – wenn auch nur für kurze Zeit in einer der stürmischsten Phasen der Reconquista – die wichtigste Grenzbastion zwischen dem christlichen und dem muselmanischen Herrschaftsbereich darstellte. Die Bauarbeiten begannen bald nach 1070. Bereits im Jahr darauf berief der König Augustinermönche in die emporwachsende Burganlage. Es kam zu jener symbiotischen Verschränkung von Burg und geistlichem Konvent, die in Spanien keine Seltenheit ist. Von Loarre aus, das nun für einige Jahre die Operationsbasis des ehrgeizigen Sancho Ramírez war, trieb Aragón seine Angriffe gegen Huesca vor. 1094 fiel Sancho Ramírez bei der Belagerung der Stadt. Zwei Jahre später erntete Peter I., sein Sohn und Nachfolger, die Frucht dieser Bemühungen und zog siegreich in Huesca ein. Loarre verlor schlagartig seine gerade erst gewonnene Position. Ein Teil des Augustinerkonvents wurde nun in die Festung Montearagón vor den Toren von Huesca verpflanzt, ein anderer Teil der Geistlichen blieb in Loarre, das sich nun ganz von der Burg zum Kloster wandelte, bis auch dieses aufgegeben wurde. Bereits im 12. Jahrhundert verstummen die Quellen.

Nach Süden, zur Talseite, zieht sich ein mit acht Türmen bewehrter Mauerring in weitem Halbkreis um die Burg. Ein zweiter innerer Mauerring schützt den Kern der Anlage. Um den Burghof gruppieren sich drei Wohntürme und die ehemaligen Wirtschaftsgebäude. Einen beherrschenden Akzent setzt die *Burgkapelle*, die mehr Kirche als Kapelle ist. Sie war zunächst als Oratorium für die Herrscherfamilie gedacht und mit Sicherheit in kleineren Dimensionen geplant. Der Einzug der Augustiner machte eine Vergrößerung unabwendbar. Die Kirche war noch im Bau als Huesca fiel und Loarre praktisch über Nacht von seinen weltlichen Herren verlassen und gänzlich den Mönchen überantwortet wurde. Das hat dazu geführt, daß der Bau Ende des 11. Jahrhunderts noch einmal größer dimensioniert wurde. An das majestätische Chorrund schließt ein Raumquadrat an, das eine gewaltige Trompenkuppel überwölbt, am Außenbau als gedrücktes Oktogon mit pyramidaler Bedachung erkennbar. Nach Westen folgt ein queroblonges Joch, dessen westliche Mauer schräg zum Raum verläuft, da die Architektur sich an dieser Stelle den Unregelmäßigkeiten des Felsmassivs, auf dem die Burg steht, anpassen mußte.

Wir unterscheiden zwei Bauphasen: noch im 11. Jahrhundert entstand der Chor, die westlichen Abschnitte dagegen wurden erst im frühen 12. Jahrhundert aufgeführt. Man staunt über den technisch perfekten Zuschnitt der Quader des Bauwerks. Wahrscheinlich waren Steinmetze französischer Herkunft an der Errichtung der Burgkapelle von Loarre beteiligt.

Abb. 11

Agüero

Anfang des 11. Jahrhunderts war Agüero neben Loarre ein weiterer christlicher Vorposten gegen arabisches Feindesland. Hier befand sich ein Kastell, das 1033 der Ritter Gallo Penero den Arabern abgenommen hatte. Damit gelangte Agüero zunächst unter die Aufsicht des Königs von Navarra, wenig später infolge der Reichsteilung 1035 unter die Krone Aragóns. Dessen ungeachtet blieb Agüero kirchenpolitisch weiterhin dem Bischof von Pamplona unterstellt. Anfang des 12. Jahrhunderts überantwortete Alfons I. Agüero einem Ritter französischer Herkunft, von dem es heißt, er sei ein Jugendgefährte des Königs gewesen. Agüero teilte alsbald das Schicksal Loarres und geriet mit dem Fortschreiten der Reconquista nach Süden in Vergessenheit.

Von der Festung, die offenbar schon früh als Steinbruch diente, ist nichts mehr vorhanden. Außerhalb der Ortschaft Agüero liegt einsam die ehemalige *Klosterkirche Santiago*, ein Bau der reifen Romanik des 12. Jahrhunderts. Sie blieb ein Torso, denn nur ihre Dreiapsidenanlage und das Querhaus wurden fertiggestellt. Das Portal, das tief in die Stirnwand des Südquerhauses getreppt ist, besitzt ornamentale und szenische Kapitelle sowie ein Tympanon mit der Darstellung der Anbetung der Könige aus dem Umkreis des Meisters von San Juan de la Peña. Neben Tieren, Fabelwesen und Ornamenten zeigen zwei Kapitelle szenische Darstellungen. Auf dem einen sieht man einen Musiker, der ein harfenähnliches Instrument spielt, daneben zwei Damen in eleganter Kleidung, auf dem anderen krümmt sich eine Frau in ekstatischem Tanz zur Musik eines Blasinstrumentalisten. Gemeint ist der Tanz der Salome.

Abb. 13, 14

1 Das Tal des Rio Aragón

2 Jaca, Innenraum der Kathedrale

5 Santa Cruz de la Serós, San Caprasio

6 Santa Cruz de la Serós, Santa Maria

7 Kloster San Juan de la Peña

8 Kreuzgang des Klosters San Juan de la Peña, Teilansicht

9 Kreuzgang des Klosters San Juan de la Peña, Gesamtansicht

10 a–d Vier Kapitelle des nebenstehenden Kreuzgangs

11 Die Burg Loarre

12 Die Felsen Los Malos de Riglos

13 Agüero, Portal der Santiagokirche

14 a, b Kapitelle des nebenstehenden Portals

NAVARRA

Navarra

Lage und kurzer historischer Abriß

Das Landschaftsbild Navarras ist einheitlicher als jenes des östlich benachbarten Aragón. Der größte Teil Navarras gehört zu den westlichen Pyrenäen und schließt auch Teile des spanischen Baskenlandes ein. Seit der Neuordnung Spaniens 1983 ist Navarra eine autonome Region. Sie hat nur etwa ein Fünftel der Fläche Aragóns (10 421 km^2), aber eine deutlich höhere Bevölkerungsdichte als der östliche Nachbar (50 Einwohner pro km^2).

Als Folge wiederholter dynastischer Verbindungen mit benachbarten Territorien, darunter auch der Krone Frankreichs, und ständiger Grenzverschiebungen stellt sich die Geschichte Navarras komplizierter dar als die der anderen christlichen Königreiche Nordspaniens. Wir wollen die Grundlinien nachzeichnen.

Schon Anfang des 9. Jahrhunderts begann sich Navarra als selbständiger Herrschaftsbereich herauszubilden. Damals bestand die Keimzelle des späteren Königreichs lediglich aus ein paar Hochtälern in den westlichen Pyrenäen. Eine erste Dynastie gründete die geschichtlich nur schwer faßbare Gestalt des Iñigo Iñiguez Arista (um 830–885), der Navarra zum Königreich proklamierte. Um 900 folgte das Haus Sanchez mit Sancho Garcés (905–925) als erstem König. Dieser betrieb eine gezielte Expansion des kleinen Pyrenäenstaates und verlieh der Reconquista neue Impulse. Er unterwarf die im Süden an Navarra angrenzende Landschaft Rioja. Seine größte Ausdehnung erreichte Navarra unter Sancho III. dem Großen (1000–1035). Er profitierte vom Niedergang des Kalifats von Córdoba, das 1010 in mehrere Kleinstaaten zerfiel, die sogenannten Taifas. Mit Doña Muna Elvira von Kastilien verheiratet, wurde er von den Granden Kastiliens nach der Ermordung ihres Grafen García Sanchez 1029 als ihr Herr anerkannt. Zugleich festigte Sancho III. die Herrschaft Navarras über Aragón. Dazu fiel ihm jener Teil des fortan »D'Outre-Ports« genannten nördlichen Navarra durch Sancho von der Gascogne zu, der sich auf der Nordseite der Pyrenäen von St-Jean-Pied-de-Port bis zu den Niederungen des Adour erstreckte. Beim Tode Sanchos III. kam es zur Erbteilung unter seinen Söhnen. Nun gab es nebeneinander die selbständigen Königreiche Navarra, Aragón und Kastilien.

1076 annektierte Aragón Navarra, das sich 1134 aus dieser Bindung wieder löste. Navarra hatte jetzt annähernd die Gestalt angenommen, die es bis zum Ausgang des Mittelalters bewahren sollte. Kein anderer Staat im damaligen Spanien hatte eine derart heterogene Bevölkerung. In den Bergen lebten überwiegend Basken, im Ebrotal Aragonesen, im Westen Kastilier und im Norden Gascogner; hinzu kamen in den größeren Städten – Estella, Pamplona, Tudela – bedeutende jüdische Gemeinden und vielerorts Franzosen unterschiedlicher Herkunft.

Sancho VII. der Starke (1194–1234) vermählte seine Schwester Blanca mit dem Grafen Theobald III. von der Champagne.

Deren Sohn Theobald IV. vereinte Navarra mit der Champagne, nachdem Sancho VII. ohne männlichen Erben gestorben war. Damit begann die Epoche des engen Anschlusses Navarras an Frankreich, der zeitweilig zum Verlust der Autonomie führte. 1270 starb Theobald V., Nachfolger wurde sein jüngerer Bruder Heinrich I. Bei dessen Tod (1274) war die Nachfolgefrage erneut offen, denn auch er hinterließ keinen männlichen Erben, sondern lediglich eine Tochter, Johanna, die damals eben erst vier Jahre alt war. Diese nahm König Philipp IV. der Schöne zur Frau (1284) – und plötzlich gehörte Navarra zur französischen Krone. Dieses Kapitel endete 1328 mit dem Aussterben der kapetingischen Dynastie.

In Navarra wählte man nun Johanna, die Tochter König Ludwigs X. von Frankreich, zur Königin. Sie war mit Philipp von Evreux aus einer Seitenlinie des Kapetinger-Hauses verheiratet. Faktisch fiel also Navarra an das Haus Evreux. Auf Philipp von Evreux (1328–1343) folgte Karl II. der Böse (1349–1387), laut Ploetz »eine der düstersten Figuren des Hundertjährigen Krieges«; diese Einschätzung entspricht eher der damaligen französischen Perspektive, da Karl II. zeitweilig mit den Engländern paktiert hatte, aus der Sicht der Navarresen galt seine Regierung als segensreich, weil er die Stellung des Königreichs im Spannungsfeld zwischen Aragón, Kastilien und Frankreich stärkte. So zog denn auch unter seinem Sohn und Nachfolger Karl III. dem Edlen (1387–1425) noch einmal eine Blütezeit herauf. Doch starb auch Karl III. ohne männlichen Erben, die Krone fiel an seine Tochter Blanca, die mit Johann II. von Aragón verheiratet war. Erneut also kam Navarra unter die Hoheit Aragóns. Vergeblich empörte sich Karl von Viana, der aus der Ehe Blancas mit Johann II. hervorgegangen war, gegen seinen Vater. Sein Versuch, für Navarra die Unabhängigkeit zu ertrotzen, schlug fehl. Er starb 1461, der Vater überlebte den Sohn um 18 Jahre. Allerdings trug Johann II. der Sonderstellung Navarras in seinem Testament Rechnung: Navarra fiel nicht an seinen Sohn, sondern er vermachte es seiner Tochter Eleonore Blanca, der Gattin Gastons IV. von Foix-Béarn, so daß in Navarra erneut die französische Seite zum Zuge kam. Mit deren Enkel Franz Phoebus erlosch 1481 das Grafengeschlecht des Hauses Foix im Mannesstamm. Die Königswürde über Navarra ging nun auf dessen Schwester Katharina über, die mit Jean d'Albret verheiratet war. Die Albrets waren damals eines der mächtigsten Geschlechter in Südwest-Frankreich. Nachfolger Katharinas wurde ihr Sohn Jean (1494–1516). Inzwischen war südlich der Pyrenäen die Allianz zwischen Aragón und Kastilien geschmiedet worden, Navarra stand als störender Riegel zwischen diesen beiden Machtblöcken. 1512 annektierte deshalb Ferdinand von Aragón den spanischen Teil Navarras. Navarra war fortan nur noch ein Zwergenstaat auf französischer Seite. 1589 fiel dieser Teil an die französische Krone, nachdem mit Heinrich IV. der letzte Herrscher von Navarra auf den Thron Frankreichs gekommen war.

Die Stationen des Jakobswegs

Kloster Leyre

Die Pilger, die von Jaca her kommend dem Lauf des Rio Aragón flußabwärts folgten, erreichten kurz vor dem Kloster Leyre den Boden Navarras. Der Name Leyre kommt aus dem Baskischen. *Leyo* bedeutet Balkon und benennt in diesem Zusammenhang plastisch die Lage des Klosters hoch über dem Rio Aragón, dessen Wasser heute an dieser Stelle zum künstlichen See von Yesa gestaut ist. Leyre ist das historische Gegenstück zu San Juan de la Peña, der alten Grablege der Könige Aragóns, denn hier fanden die Herrscher von Navarra ihre letzte Ruhe. Bereits vor dem Spanienzug Karls des Großen soll sich an dieser Stelle eine Mönchsniederlassung befunden haben. Einen ersten verläßlichen Bericht hat uns der hl. Eulogius von Córdoba hinterlassen, der 842 anläßlich einer Reise zu verschiedenen Pyrenäenklöstern auch Leyre besuchte. Vorstöße der Navarresen gegen die Araber im Ebrotal zu Beginn des 10. Jahrhunderts provozierten diese zu Vergeltungsschlägen. 924 wurde Pamplona von den Truppen Abd al Rahmans III. niedergebrannt. Der König und das Domkapitel suchten in Leyre, das verschont geblieben war, Zuflucht. Nun begann die große Zeit des Klosters, denn fortan bestand eine enge Verbindung zwischen Pamplona und dem Kloster, dem oft der Bischof der Hauptstadt Navarras als Abt vorstand. Die Könige wiederum residierten bevorzugt, wenn nicht in Pamplona, dann in Leyre. Die Symbiose von Kloster und Herrschertum, in Spanien schon früh begründet, sollte noch bis in das 16. Jahrhundert fortbestehen und im Escorial Philipps II. seinen abschließenden Höhepunkt finden. Die Ermordung Sanchos IV. 1076 führte zur Annexion Navarras durch Aragón. Damit zerbrach die Personalunion von Abts- und Bischofswürde. Der König von Navarra war nun für mehrere Jahrzehnte identisch mit dem Herrscher von Aragón, weshalb die (sogenannten) Könige von Navarra in jener Zeit zwangsläufig ihre Grablege in San Juan de la Peña hatten. Im 12. Jahrhundert konnte sich Navarra wieder selbständig machen, und Leyre knüpfte an seine große Tradition an, ohne jedoch nochmals jene zentrale Rolle zu besetzen, die das Kloster im 11. Jahrhundert innegehabt hatte. Im 13. Jahrhundert nahmen Zisterzienser den Benediktinern Leyre ab, wo sie bis zur Säkularisierung 1835 blieben. Danach kam das klösterliche Leben in Leyre für etwas mehr als einhundert Jahre zum Erliegen. Erst 1954 besiedelten Mönche aus Santo Domingo de Silos die Abtei wieder.

Von den Klosterbaulichkeiten des Mittelalters ist außer der Kirche nichts erhalten geblieben. Der heute an die Nordseite der Kirche grenzende Trakt entstand im Zusammenhang mit der Wiederbesiedlung nach der Mitte des 20. Jahrhunderts. Die Kirche besteht aus heterogenen Bauteilen. So erlebt man eindrucksvoll die Abfolge von Früh- und Hochromanik sowie der Gotik. Ältester Teil ist die archaisch wirkende Krypta aus der ersten Hälfte des 11. Jahrhunderts, deren Weihe für

das Jahr 1057 überliefert ist. Sie besteht aus zyklopischen Quadern, ihr Gewölbe fußt auf kurzen Säulenstümpfen. Als eines der ersten Denkmäler der frühen Romanik in Navarra legt sie Zeugnis ab vom kompromißlosen Bekenntnis dieser Landschaft zu den Prinzipien des westromanischen Kunstkreises, der damals bereits auf dem Weg war, sich von der Normandie und Westfrankreich auf umliegende Regionen auszubreiten. Bauten des lombardischen Stils, die in Katalonien den Ton angeben, in Aragón noch vereinzelt auftreten, sind Navarra völlig fremd geblieben.
Die Kirche, deren Errichtung in der zweiten Hälfte des 11. Jahrhunderts stattfand, war eine dreischiffige Halle, deren Ostteil – ohne Querhaus – mit einer Dreiapsidenanlage dem Grundriß der darunter befindlichen Krypta folgt. Die Zisterzienser beseitigten im Westteil des Langhauses die Mehrschiffigkeit und schufen einen Saal, den ein weit gespanntes spätgotisches Kreuzrippengewölbe überfängt. Zwei Joche der romanischen Halle sowie die Choranlage blieben bestehen, so daß man heute zwei konträre Bauauffassungen unter einem Dach erlebt.
Das Portal, wegen seiner Fülle an Skulpturen die *Porta Speciosa* genannt, entstand im 12. Jahrhundert, nachdem sich Navarra aus der erzwungenen Verbindung mit Aragón wieder gelöst hatte. Es besitzt das nach der Südfassade von Sangüesa figurenreichste Bildprogramm der navarresischen Romanik. Allerdings ist erkennbar, daß es aus unterschiedlichen Teilen zusammengestückelt wurde und nicht jenen stringenten ikonographischen und stilistischen Zusammenhalt besitzt, der für das Portal in Sangüesa kennzeichnend ist. Im Tympanon stehen sechs Figuren (ursprünglich sieben, die rechte außen verloren), von denen nur Christus (in der Mitte), Maria und Johannes namentlich zu bestimmen sind. In den vier Archivolten sieht man Tiere und diverse Grotesken, über der Stirnarchivolte diverse Heilige, links einen legendären Bischof von Pamplona (Virilio?), ganz rechts Verkündigung und Heimsuchung und in der Mitte Fragmente eines Weltgerichts.
Abb. 15–18

Die Burg Javier

Nur wenige Kilometer von Leyre entfernt liegt auf halber Strecke nach Sangüesa die stolze Burg von Javier, wo 1506 der hl. Franz-Xaver geboren wurde, der wichtigste Weggefährte des hl. Ignatius von Loyola, Missionar Indiens und Japans sowie – seit seiner Kanonisation 1622 – Patron Navarras. Der Pilger des Mittelalters sah die Burg allerdings nicht in ihrer jetzigen Erscheinung. Seit dem 11. Jahrhundert stand dort einzig der Donjon, der erst später ummantelt wurde. Ferdinand von Aragón, der dem Adel Navarras nach dem Anschluß des kleinen Königreichs an Kastilien/Aragón mißtraute, ließ einen Teil der Burg abreißen und die Gräben zuschütten. Erst im 19. Jahrhundert erfolgte die Restaurierung, in deren Verlauf einige Partien rekonstruiert wurden.
Abb. 23

Sangüesa

Im Schutz der Burg von Rocaforte über dem Rio Aragón bildete sich Ende des 11. Jahrhunderts ein Gemeinwesen an einem der wichtigsten Verkehrswege Navarras, durch den alle Pilger kamen, die die Route über den Col du Somport und durch das nördliche Aragón gewählt hatten. Alfons I. gründete nahe der Brücke eine Residenz, in deren Mauern die Kirche *Santa Maria la Real* errichtet wurde, die der Monarch 1131 den Johannitern übereignete. Sangüesa besaß im 13. Jahrhundert dreizehn Hospitäler, die meisten zur Versorgung von Pilgern, die unterwegs erkrankt waren. Mit dem Abflauen der Pilgerbewegung verlor auch Sangüesa (heute knapp 5000 Einwohner) seine Bedeutung.
Die Kirche folgt in verkleinertem Maßstab der Kathedrale von Jaca, deren Vorbildcharakter noch nach einhundert Jahren spürbar blieb. Santa Maria la Real wurde erst im 12. Jahrhundert begonnen und im 13. Jahrhundert vollendet. Die Kirche besteht aus einer nur zwei Joche tiefen Basilika, eingezogenem Querhaus und Dreiapsidenanlage. An die Stelle romanischer Wölbungsformen ist das gotische Kreuzrippensystem getreten. Die Vierung ist mit einer hochgezogenen oktogonalen Trompenkuppel im Innern und einem mächtigen Turm am Außenbau besonders betont. Der kunstgeschichtlich bedeutsamste Teil von Santa Maria ist das nach Süden ausgerichtete Portal, das sich in zwei Zonen übereinander aufbaut. Unten rahmen Säulenstatuen den Eingang mit seinem Tympanon, darüber ziehen sich weitere Skulpturen in zwei Streifen über die gesamte Breite der Stirnwand des Querschiffs. Selbst die Zwickelfelder zwischen der äußeren Rahmung des Tympanons und der Fußleiste des darüber befindlichen Bildstreifens sind mit Reliefs gefüllt. Hier sieht man die erste Manifestation typisch spanischer Fassadengestaltung, wie sie in Leyre und in Santiago (Puerta de la Platerias) formal vorbereitet worden war. Das Portal ist der frühen Gotik Frankreichs verpflichtet. Die Säulenstatuen sind Ableger des Portail Royal in Chartres, auch das Registertympanon ist typisch für die französische Gotik.
Unter der Gewändestatue, die die Muttergottes darstellt, hat sich der Bildhauer Leodegarius, der ein Franzose gewesen sein könnte, inschriftlich verewigt. Neben Maria stehen Magdalena und Salome, ihnen gegenüber Petrus und Paulus und der Verräter Judas mit einem Strick um den Hals. Im Zentrum des Tympanons wie im mittleren der beiden Bildstreifen darüber thront als zentrale Gestalt Christus. Man liest deshalb, daß hier in einer kuriosen Verdoppelung gleich zweimal das Weltgericht dargestellt sei. Das ist definitiv nicht der Fall. Die obere Christusgestalt ist doppeldeutig. Es ist gleichermaßen der Parusiechristus (der Wiederkehrende) wie der Weltherrscher gemeint. Nur der Tympanonchristus ist durch die Begleitfiguren als Weltenrichter definiert. In den Archivolten und Zwickelfeldern sieht man Tiere, Monster und Szenen des Alltagslebens, vor allem Handwerker: Schuster, Metzger, Schmied und andere.
Abb. 19–22

Artaiz

Der Hauptweg führte auf der Südseite der Sierra de Izco von Sangüesa nach Westen in Richtung Puente la Reina. Wer aber Pamplona als Etappe nicht auslassen wollte, wählte einen Seitenweg entlang der Nordseite der Sierra de Izco. In das hügelige, satt übergrünte Pyrenäenvorland ist eine Familie von spätromanischen Kapellen gebettet. Entlang der reizvollen Route, die von Artaiz nach Lumbier führt, sieht man auf knapp 20 km fast ein Dutzend Denkmäler des 12./13. Jahrhunderts. Der wichtigste Bau dieser Gruppe ist das Kirchlein *San Martín* in Artaiz. Es zeigt das für ländliche Kirchen verbreitete Muster des einschiffigen Saals mit einer Chorapside im Osten. Sensationell ist das kleine Südportal, das mit seinem Skulpturenprogramm auftrumpft. Tief ist das Gewände in die massige Kirchenwand getreppt. Wie so oft in Navarra, das in erkennbar engem Austausch mit dem Poitou und seinen Nachbarregionen stand, spielt das Tympanon eine untergeordnete Rolle; darin erscheint ein kleines Chrismon mit zwei stilisierten Tondi daneben. Hauptträger des Ausdruckswillens sind die Rahmenteile, nicht jedoch die Archivolten. An den Kapitellen erscheinen verschlungene Mensch- und Tierdarstellungen. In die Pfeiler beidseits der äußeren Portalarchivolte sind körperlich betonte Löwen mit weit aufgerissenen Mäulern eingelassen. Während der linke gerade einen Menschen verschlingt, scheint der rechte seine Krallen schützend um die nackte Person zu legen, die sich unter ihm befindet. Also ganz ähnlich wie im Tympanon der Kathedrale zu Jaca erscheint hier der Löwe in unterschiedlichen Qualitäten, einmal als Bild der Aggression, einmal als Symbol der beschützenden Kraft.

Abb. 24–26

Pamplona

Bisher haben wir den Aragonischen Weg, zuletzt seinen Abschnitt durch das südliche Navarra beschrieben. Wir wenden uns nun jenem Weg zu, der die Pilger der drei westlichen Hauptrouten durch Frankreich in Ostabat zusammen- und von dort hinauf zum Paß von Ibañeta weitergeführt hatte. In Roncesvalles erwartete die vom Aufstieg Ermatteten ein Hospiz – und jede Menge sagenhafter Erzählungen! Hier im Tal von Roncesvalles verlor Karl der Große bei seinem Rückzug aus Spanien 778 seine gesamte Nachhut unter deren Anführer Roland. Das Rolandslied will uns weismachen, daß es Mauren gewesen seien, die dem Frankenherrscher die Schlappe beibrachten, in Wahrheit waren es Basken, die sich für die unbegründete Zerstörung von Pamplona rächten.
Im Jahr 76 v. Chr. gründete Pompeius in strategisch günstiger Lage die nach ihm benannte spätere Hauptstadt Navarras. Als Herren der Stadt folgten im 5. Jahrhundert die Westgoten, im 6. Jahrhundert die Franken, im 8. Jahrhundert die Mauren – aber letztlich behaupteten sich gegen alle Eindringlinge die ortsansässigen Basken. Seit dem 10. Jahrhundert war Pamplona (baskisch: Iruñea) dann Hauptstadt des christlichen Königreichs Navarra, bis dieses im vereinigten Königreich Spanien aufging. Heute ist Pamplona Hauptstadt der Provinz Navarra, international berühmt für seine Fiesta (so auch der gleichnamige Roman von Ernest Hemingway) in der Woche rund um den Namenstag des Schutzpatrons der Stadt, des hl. Firmin, wenn die Stiere zum traditionellen Kampf durch die menschenüberfüllten Straßen zur Arena getrieben werden (zweite Woche im Juli). Kaum bekannt ist dagegen der Tag des hl. Sernin, des zweiten Patrons von Pamplona, am 28. November, der mit einem prächtigen Umzug gefeiert wird.
Die romanische *Kathedrale* von Pamplona stürzte 1390 ein – wenige Wochen nachdem an dieser Stelle Karl III. der Edle und seine Frau Eleonore die Krone von Navarra empfangen hatten – und wurde unverzüglich durch einen gotischen Nachfolgerbau ersetzt. Dieser war Mitte des 15. Jahrhunderts zwar weitgehend fertiggestellt, doch noch bis 1527 dauerte die komplizierte Einwölbung der Chorpartie. Ende des 18. Jahrhunderts verschwand der spätmittelalterliche Bau hinter einer mächtigen klassizistischen Zweiturmfassade. Für einen Bau der späten Gotik ist die Bischofskirche, in der die Könige von Navarra traditionell gekrönt wurden, auffallend nüchtern und konservativ. Man hielt am traditionellen basilikalen Schema fest und vereinfachte dieses lediglich von der älteren Dreigeschossigkeit durch Verzicht auf ein Triforium auf einen zweigeschossigen Aufriß der Hochschiffwand. Ganz ungewöhnlich ist der Gewölbebereich. Das Mittelschiff überspannen Jochabschnitte mit sechsteiligen Gewölbeeinheiten (in den Seitenschiffen vierteilig), wie man es zuletzt in der Frühgotik des 12. Jahrhunderts praktiziert hatte. Nur über der Vierung sowie über dem Chorhaupt verzweigt sich ein aus Rippen gebildetes Sternenmuster, wie es für die Spätphase der Gotik kennzeichnend ist. Diese auffallend rückwärtsorientierte Erscheinung der Kathedrale ist als Ausdruck des monarchischen Selbstverständnisses zu werten (Karl III. der Edle war der eifrigste Förderer des Baus). Der König von Navarra, Herrscher eines im Spätmittelalter fragil gewordenen Gebildes, war offenbar bestrebt, durch Sichtbarmachung von Tradition für den Fortbestand seiner Monarchie zu plädieren.
Zusammen mit der romanischen Bischofskirche war auch der Kreuzgang des 12. Jahrhunderts Ende des 14. Jahrhunderts in Trümmern niedergesunken. Sein gotischer Nachfolger entstand parallel zum Kirchenbau und war um 1500 vollendet.

Abb. 27–32

Eunate

Je weiter man sich von Pamplona westwärts begibt, um so mehr verdichtet sich das Netz von Hinterlassenschaften der großen Wallfahrt des Mittelalters. Kurz vor Puente la Reina liegt in ländlicher Abgeschiedenheit die *Totenkapelle* von Eunate, die einst zu einer Niederlassung der Tempelritter gehörte. Wir besitzen keine Quellen, die uns

15 Leyre, Chorpartie der Klosterkirche

16 Leyre, frühromanische Krypta der Klosterkirche

17 Leyre, Westportal der Klosterkirche

18 Tympanon des nebenstehenden Portals

19 a, b Sangüesa, Santa Maria la Real, Ansicht von Osten und Vierungsturm

20 Sangüesa, Südportal von Santa Maria la Real

nachfolgende Seiten
21 Sangüesa, Gewändefiguren am Südportal von Santa Maria la Real
22 Sangüesa, Teilansicht des Südportals

23 Die Burg Javier

24 Artaiz, romanische Kirche San Martín von Südosten

25 Artaiz, San Martín, Südportal

26 Detail von nebenstehendem Portal

27 Pamplona, Blick ins Gewölbe der Kathedrale

28 Pamplona, der spätgotische Kathedralkreuzgang

29 Pamplona, Blick in den Innenraum der Kathedrale

30 Pamplona, spätgotisches Portal im Kreuzgang der Kathedrale

31 a–d Pamplona, Museo di Navarra, Kapitelle aus dem zerstörten romanischen Kreuzgang der Kathedrale

32 Pamplona, Museo di Navarra, Detail eines Kapitells

33 Eunate, Blick in den Chor der Totenkapelle

34 Eunate, Totenkapelle Santa Maria

35 Puente la Reina, Kirche Santiago, Hauptportal

36 Archivolten des nebenstehenden Portals

37 Ausschnitt aus dem nebenstehenden Portal

38 Estella, San Miguel, Nordportal

39 Estella, Palast der Könige von Navarra

40 Estella, Kloster San Pedro de la Rúa

41 Estella, Kirche San Pedro de la Rúa von Nordwesten

42 Estella, Blick über den Rio Ega auf San Miguel

43 Blick in das Gewölbe der nebenstehenden Kirche

44 Torres del Rio, Kirche Santo Sepulcro

La Rioja

La Rioja

Die Landschaft und ihre Geschichte

Rioja nennt man die Senke am Oberlauf des Ebro zwischen den Städten Miranda und Calahorra. Sie wird nach Norden und Süden von dem Mittelgebirgen der Sierra de Cantabria und der Sierra de la Demanda eingefaßt. Man unterscheidet zwischen einer *Rioja Alta* westlich von Logroño, einer *Rioja Baja* östlich dieser Stadt und einer *Rioja Alavesa*. Letztere ist der schmale Streifen zwischen dem Nordufer des Ebro und der Sierra de Cantabria. Zahlreiche Nebenflüsse speisen den Ebro mit Wasser: Tirón, Oja, Najerilla, Iregua, Cidacos, Alhama. Sie durchziehen fruchtbare Täler, die bereits im Mittelalter intensiv bewirtschaftet wurden, so daß die Rioja schon früh ein wohlhabendes Gebiet war. Heute ist die Rioja vor allem bekannt als Spaniens berühmtestes Weinanbaugebiet. Seit 1983 ist die Rioja eine eigenständige Region und genießt den Status einer Teilautonomie. Unter den 17 Regionen, in die Spanien inzwischen aufgegliedert ist, stellt die Rioja mit einer Fläche von 5034 km^2 das kleinste Territorium dar.

Im Grenzland zwischen Navarra und Kastilien gelegen, war die Rioja ein heiß umkämpfter Zankapfel zwischen den christlichen Königreichen. Bereits im 10. Jahrhundert eroberte Navarra die Rioja Alta und die Rioja Alavesa, im 11. Jahrhundert besetzte Sancho III. auch Calahorra und brachte damit die gesamte Rioja in seine Gewalt. Hauptort der Region war fortan Nájera. Hier bezogen die Könige von Navarra eine zweite Residenz neben Pamplona. Zeitweilig genoß Nájera sogar den Vorzug vor Pamplona. Das führte dazu, daß sich im 11. Jahrhundert ein eigener Titel »Königreich Nájera« einbürgerte, obwohl dieses Nájera faktisch nur ein Anhängsel von Navarra war. Dieses Kapitel endete 1076, als Alfons VI. von Kastilien Nájera eroberte und die Rioja an Kastilien anschloß. Er übertrug das Gebiet zunächst unter dem Namen der Grafschaft Calahorra seinem Gefolgsmann García Ordóñez als Lehen. Fortan stritten die Städte Calahorra und Nájera darum, als Hauptstadt der Rioja zu gelten. Später setzte sich das wirtschaftlich bedeutendere Logroño mit diesem Anspruch durch. Anfang des 12. Jahrhunderts ging die Rioja kurzfristig an Aragón verloren, nachdem Alfons I. von Aragón, genannt »el Batallador«, seinen Machtbereich bis an den Oberlauf des Ebro hatte ausdehnen können. Im Frieden von Támara (1127) trat Alfons VII. von Kastilien (1126–1157) die baskischen Provinzen Álava, Viscaya und Guipúzcoa an Navarra ab, das damals (s. o.) mit Aragón vereint war, und erhielt dafür im Gegenzug die Rioja zurück, die seither unverbrüchlicher Bestandteil des Königreichs Kastilien war. Allerdings behielt die Rioja ihren Sondertitel Königreich Nájera und galt als Teilreich von Kastilien. Alfons VII., der sich in der Rolle eines Herrschers über Gesamtspanien sah und deshalb den Kaisertitel angenommen hatte, übertrug dieses Teilreich seinem Sohn Sancho III.

Pilgerziele in der Rioja

Logroño und Clavijo

Die heutige Hauptstadt der Region Rioja ist in den letzten Jahrzehnten sprunghaft gewachsen. Im Stadtkern erzählen nur noch geringe Spuren von der Pilgerbewegung. Der einstige Palast Alfons VII. kam bereits 1130 als Geschenk an die Ritter vom Heiligen Grab. Über dessen Mauern erhebt sich heute die neuzeitliche Kirche Santa Maria del Palacio. Die *Santiagokirche* stammt aus dem 17. Jahrhundert. Ihre Fassade besetzen zwei Barockfiguren des hl. Jakobus. Die untere zeigt den Apostel als Pilger, die darüber befindliche hoch zu Roß in der populären Rolle des Matamoros. Aus spätromanischer Zeit ist einzig die Kirche *San Bartolomé* erhalten geblieben. Ihr vielfiguriges Portal steht ganz unter dem Einfluß der französischen Gotik. Die Gestalt des Wundmalechristus im Tympanon mit den Fürbittern Maria und Johannes, die zu seinen Seiten niederknien, ist eine Bilderfindung des 13. Jahrhunderts und erscheint in dieser Form erstmals am Westportal der Kathedrale in Amiens (1220–1230).
Knapp 20 km südlich von Logroño erhebt sich auf einer Hügelkuppe die *Burgruine von Clavijo.* Viele Pilger unternahmen den Abstecher dorthin, um jenes Terrain zu betreten, wo der hl. Jakobus erstmals christlichen Rittern zum Sieg gegen die Mauren verholfen haben soll. Im Jahr 844 schlug an dieser Stelle Ramiro I., König von Asturien, die Truppen Abd ar Rahmans II. Die Legende berichtet, daß der Apostel nicht nur als Erscheinung auftrat, sondern aktiv in den Kampf eingriff und zahlreiche Araber tötete. Diese Ereignisse wurden allerdings erst dreihundert Jahre später, Mitte des 12. Jahrhunderts, aufgezeichnet.

Abb. 45–47

Zisterzienserinnenkloster Cañas

In Nájera verlassen wir die Hauptroute des Camino Francés und unternehmen einen Abstecher nach Süden in die Sierra de la Demanda. Hier steht am Rande des Dorfes Cañas die Zisterzienserinnenabtei *Santa Maria del Salvador.* Das Kloster wurde 1170 von Don Lope Díaz de Haro aus einem der führenden Geschlechter der Rioja gegründet. Um dem Frauenkonvent ein sicheres Auskommen zu gewährleisten, überschrieb der Stifter dem Kloster die Dörfer Cañas und Canillas. Noch heute leben Zisterzienserinnen in Cañas. Die Klosterkirche als ältester Bauteil der Abtei entstand in zwei Phasen. Der gotische Chor mit dem ungewöhnlichen Muster zweigeschossig angelegter Fenster wurde im 13. Jahrhundert errichtet. Bauherrin war die vierte Äbtissin von Cañas, Doña Urraca Lopez de Haro, eine Tochter des Klostergründers. Erst im frühen 16. Jahrhundert wurde das einschiffige Langhaus dem gotischen Chor angefügt. Die Ende des 20. Jahrhunderts durchgeführte Restaurierung läßt den Bau sehr nüchtern erscheinen, aber das entspricht durchaus authentisch dem zisterziensischen Empfinden. Der Kreuzgang entstammt dem 18. Jahrhundert. Zur mittelalterlichen Bausubstanz gehört noch der Kapitelsaal. In dessen Mitte ist der *Sarkophag der Doña Urraca Lopez de Haro* aufgestellt, der einige originelle Besonderheiten zeigt. Würdevoll ruht die Liegefigur der Verstorbenen auf der Deckplatte des Sarkophags. Ihr zur Seite knien zwei kleine Engel, zu ihren Füßen kauern drei Mitschwestern in Miniaturformat. Auch der Sarkophagblock ist rundum plastisch bearbeitet. An der Schmalseite, wo der Kopf der dargestellten Verstorbenen liegt, sieht man drei Szenen, die das Leben der Doña Urraca in geraffter Form wiedergeben: Urraca als Kind beim Unterricht durch eine Nonne, die Erwachsene mit einem Buch in Händen und ihr Tod. Am Fußende sieht man die Sterbeszene. An den Langseiten sind die Beisetzung der Äbtissin und die Prozession der Teilnehmer des Leichenzuges dargestellt, wobei die Expressivität einiger Figuren überrascht.

Abb. 48–50

Nájera

In seiner Anfangszeit führte der Frankenweg nördlich an Nájera vorbei. König Sancho III. von Navarra ließ Anfang des 11. Jahrhunderts die Trasse so weit nach Süden verlegen, daß Nájera fortan Etappe auf dem Pilgerweg war. Sein Sohn García Sánchez III. von Navarra (1035–1054), den man auch König von Nájera nannte, gründete 1052 das Kloster *Santa Maria la Real.* Anlaß war ein Wunder gewesen. Dem König erschien, als er auf der Jagd unter einem Felsvorsprung Rast machte, die Muttergottes und hinterließ ihm als sichtbares Zeichen ihres göttlichen Willens ein kleines Standbild ihrer selbst. Dieses steht heute im Hochaltar der Klosterkirche – es handelt sich um eine romanische Statue aus dem 12. Jahrhundert. Bereits 1056 wurde die Klosterkirche geweiht, die der Stifter sich und seiner Familie zur dynastischen Grablege bestimmt hatte. Nachdem die Rioja Kastilien einverleibt worden war, siedelte Alfons VI. Mönche aus Cluny in Nájera an, die dort die Klosterreform durchführten, was unter anderem hieß, daß die alte mozarabische Liturgie durch die cluniazensische abgelöst wurde. Mitte des 14. Jahrhunderts versanken Teile Spaniens im Bürgerkrieg. Peter I. der Grausame von Kastilien (1350–1369) mußte sich nicht nur gegen Peter IV. von Aragón zur Wehr setzen, gefährlicher noch als dieser war der Halbbruder Peters I., Heinrich von Trastámara. 1360 und 1367 fanden zwei Schlachten nahe Nájera statt, von denen auch die Stadt in Mitleidenschaft gezogen wurde. Das Kloster wurde geplündert und zerstört, die Klosterkirche ein Raub der Flammen. 1369 wurde der Konflikt in der Schlacht von Montiel endgültig entschieden. Bei Verhandlungen erstach Heinrich seinen Halbbruder Peter I. und trat dessen Nachfolge an. So kam das Haus Trastámara in Kastilien an die Macht. 1422 begann der Neubau der *Klosterkirche,* der 1453 abgeschlossen war. Der Bau ist auffallend schlicht und läßt nicht erahnen, daß er der späten Gotik angehört. Erst Mitte des 16. Jahrhunderts erhielt das Pantheon der Könige von Navarra seine jetzige Gestalt. Damals wurden die meisten Gräber im Stil der Renaissance umgestaltet. Sein spätromanisches Aussehen hat nur noch der *Sarkophag der Doña Sancha* bewahrt, der Gattin Sanchos III. von Kastilien, die 1156 bei der Geburt des Sohnes Alfons, des späteren Königs Alfons VIII., starb. In zahlreichen Reliefs erkennt man neben der Gestalt des Pantokrators die Sterbeszene der Doña Sancha, das Gleichnis von den klugen und den törichten Jungfrauen, ferner die Anbetung der Könige und den Bethlehemitischen Kindermord.

Der *Kreuzgang* entstand ebenfalls im 16. Jahrhundert. In einem ersten Bauvorgang wurde die untere Galerie angelegt (1517–1528). Karl V. hat sich finanziell an dem Vorhaben beteiligt. Das Muster der Spitzbögen bleibt der Gotik verpflichtet, das Maßwerk dagegen wird im Sinne der Renaissance neu gedeutet. Es zeigt stilisierte Kandelaber und heraldische Zeichen, unter anderen das Wappen Karls V. (für die Spanier ist er Karl I.). Das geschlossene Obergeschoß entstand erst im späten 16. Jahrhundert (1571–1581). Mit seiner Fertigstellung kam die Wiedererrichtung des Klosters Santa Maria la Real zum Abschluß.

Abb. 51–55

San Millán de la Cogolla

Versteckt liegt in einem Hochtal der südlichen Rioja Alta das *Kloster San Millán*. Sein Name geht auf den Eremiten Aemilianus zurück, der hier in früher Westgotenzeit lebte und im Jahr 574 im biblischen Alter von einhundert Jahren gestorben sein soll. Um ihn bildete sich eine Gemeinschaft, es entstand eines der ältesten Klöster der Iberischen Halbinsel. Über das Schicksal des Klosters in der Zeit arabischer Okkupation ist nichts bekannt. Möglicherweise wurde der Ort gänzlich aufgegeben, vielleicht waren auch ein paar Mönche verblieben. Als aber das Kloster Mitte des 10. Jahrhunderts mit Mönchen, die aus Al Andalús geflohen waren, wiederbesiedelt wurde, kam dies praktisch einer Neugründung gleich. Die Kirche, die sie erbauten, ist heute das einzige erhaltene mozarabische Denkmal in der Rioja (mozarabisch = misch-arabisch, treffender vielleicht noch die Übersetzung: falsch-arabisch). Es handelt sich um eine zweischiffige Halle. Arkaden mit den für die mozarabische Kunst typischen Hufeisenbögen (dazu ausführlich S. 139) trennen die Schiffe voneinander. Die drei östlichen Arkaden datieren aus der ersten Bauphase (Mitte 10. Jahrhundert). Die Verlängerung um zwei Joche mit romanischen Scheidbögen fand erst im 11. Jahrhundert statt. An der nach Norden gerichteten Längswand öffnet sich die Kirche zu den Eremitenhöhlen, die aus der westgotischen Gründungszeit des Klosters stammen. Von den Klosterbaulichkeiten aus mozarabischer und frühromanischer Zeit ist nichts erhalten. Die Kirche wurde 2002/2003 einer grundlegenden Restaurierung unterzogen.

San Millán de la Cogolla war im 10./11. Jahrhundert eine Hochburg der Kleinkünste. Das Kloster besaß nicht nur ein Skriptorium, sondern unterhielt zudem eine Werkstatt, in der Goldschmiede und Elfenbeinschnitzer arbeiteten.

Mitte des 11. Jahrhunderts beschloß König García Sánchez III., die Reliquien des hl. Aemilianus in das neue Kloster Santa Maria la Real in Nájera zu überführen. Dabei geschah es, daß sich der Sarkophag, kaum daß man ihn den Hügel heruntertransportiert hatte, in Dornen und Dickicht verfing und nicht mehr daraus zu befreien war (nach einer anderen Lesart soll er sich in einem Felsspalt eingeklemmt haben). Der König sah darin ein göttliches Zeichen und beschloß, an eben dieser Stelle ein neues Kloster zu Ehren des hl. Aemilianus zu errichten. So kommt es, daß nur knapp 2 km voneinander entfernt zwei Klöster mit demselben Namen liegen. Faktisch handelt es sich um ein Doppelkloster, da die ältere Niederlassung nicht aufgegeben wurde. Man unterscheidet sie ganz einfach nach ihrer Lage auf der Anhöhe beziehungsweise in der Niederung. *Suso* (im Altkastilischen = hoch, über) nennt sich das mozarabische Kloster und *Yuso* (tief, unten) die Neugründung im Tal. Von deren romanischer Bausubstanz ist nichts erhalten, da es im 16. Jahrhundert zu einem vollständigen Neubau des Klosters kam. Die Kirche ist eine dreischiffige Halle mit einem eleganten Netzrippengewölbe; den großzügig proportionierten Klosterbauten – allein die Sakristei ist 40 m lang! – verdankt Yuso den Beinamen »Escorial der Rioja«. Die verschwenderische Ausstattung entstand überwiegend im 17. Jahrhundert und gehört damit dem Barockzeitalter an. Blickfang in der Kirche ist der monumentale Hochaltar mit einem Bild des Jakobus Matamoros. In derselben Pose begrüßt der Apostel bereits am Klostereingang den Besucher in Gestalt eines Hochreliefs.

1809 hat die napoleonische Soldateska das Kloster heimgesucht. Dabei wurde vor allem der kostbare Kirchenschatz ausgeraubt. Die Diebe hatten es auf die Edelmetalle und kostbaren Steine abgesehen. Den Elfenbeinarbeiten maß man – gottlob! – keinen besonderen Wert bei. So kann man heute im Museum des Klosters Yuso noch einige der Arbeiten bewundern, die die Künstler des 11. Jahrhunderts im Kloster Suso geschnitzt haben, unter anderem den *Aemilianus-Schrein*. Der Schrein selbst ist modern, aber die in ihn eingelassenen Elfenbeinplatten mit Darstellungen aus dem Leben des hl. Aemilianus, sind Originale des 11. Jahrhunderts.

Abb. 56–59

Santo Domingo de la Calzada

Der Ort trägt den Namen seines Gründers, der ein tatkräftiger Brücken- und Straßenbauer war, eine Persönlichkeit, die die Pilgerbewegung hervorgebracht hatte. Der Eremit Dominikus (nicht zu verwechseln mit dem gleichnamigen Gründer des Dominikanerordens) initiierte Ende des 11. Jahrhunderts an dieser Stelle den Bau einer Brücke über den Oja, außerdem ließ er Teile des Pilgerweges pflastern (calzada = gepflasterte Straße). Als Dominikus 1109 starb, stand bereits eine erste, 1105 geweihte, Kirche. Zu diesem Zeitpunkt muß der Ort, der bald nach dem Tod seines Gründers dessen Namen annahm, eine wichtige Pilgerstation gewesen sein. Der wachsenden Bedeutung von Santo Domingo trug man noch im 12. Jahrhundert mit dem Bau einer größeren Kirche Rechnung. Grundsteinlegung war 1168, 1235 fand die Weihe statt. Zu diesem Zeitpunkt war Santo Domingo bereits Bischofsstadt. Papst Gregor IX. hatte 1232 die Verlegung des Bischofssitzes von Calahorra nach Santo Domingo verfügt. Erst 1956 verlor der Ort diesen Rang an Logroño.

Von der spätromanischen Kirche sind der Ostteil erhalten, der Chor mit seinem für die spanische Romanik sehr seltenen Umgang, und die beiden westlichen Joche des dreischiffigen Langhauses. Die Stützen, die das Chorhaupt vom Umgang scheiden, tragen zum Teil plastischen Dekor. Man erkennt unter anderem eine Darstellung der Wurzel Jesse, den musizierenden König David, die klugen und törichten Jungfrauen und andere mehr. Im 16. Jahrhundert wurde der Bau im Querhausbereich erweitert. Dabei wurde das Grab des Stadtgründers, das bislang vor der Südseite der Kirche lag, in das südliche Querschiff einbezogen. Hier befindet sich auch jener Hühnerstall, der an eine der bekanntesten Legenden des Jakobswegs erinnert. Demzufolge machte eine dreiköpfige Familie aus dem Rheinland in Santo Domingo Station. Die Wirtstochter verliebte sich in den achtzehnjährigen Sohn, der aber ihr Werben verschmähte. Die Zurückgewiesene sann auf Rache und versteckte im Rucksack des jungen Mannes einen silbernen Kelch. Am nächsten Morgen – die Pilger waren bereits aufgebrochen – wurde der Diebstahl bemerkt, Büttel setzten den Wanderern nach und stellten diese. Der Sohn galt als des Diebstahls überführt und wurde am Galgen von Santo Domingo aufgeknüpft. Völlig gebrochen setzten die Eltern ihren Weg nach Santiago fort. Als sie nach einigen Wochen auf dem Rückweg wieder durch Santo Domingo de la Calzada kamen, hing ihr Sohn – und zwar unversehrt – immer noch an dem Galgen. Er sprach die Eltern an und offenbarte ihnen, daß ihn die ganze Zeit über der für andere unsichtbare Dominikus gestützt habe – nach einer anderen Version soll es der hl. Jakobus gewesen sein. Die Eltern eilten zum Richter, der sich gerade zum Mittagessen niedergelassen hatte. Ein Paar gebratener Hühner dampfte vor ihm auf seinem Teller. Als er die Geschichte vernahm, zeigte er lachend auf die gegarten Vögel und meinte, wenn diese sich erhöben, dann wolle er ihrer Erzählung wohl Glauben schenken. Im selben Moment stiegen das Huhn und der Hahn vom Teller auf und flatterten durch das geöffnete Fenster davon. Unverzüglich wurde der Jüngling aus seiner mißlichen Lage befreit, und das verleumderische Mädchen an seiner Statt gehängt. Seit dem 16. Jahrhundert werden deshalb kontinuierlich zur Erinnerung an dieses Wunder in einem kunstvoll gearbeiteten Käfig ein Hahn und eine Henne in der Kathedrale von Santo Domingo gehalten, die aber alle paar Wochen ausgewechselt werden.

Jüngster Bauteil der Kirche ist der nach Art italienischer Campanile vom Kirchenkörper abgesetzte Glockenturm aus dem 18. Jahrhundert mit seiner reichen Verzierung. Der Südseite der Kirche gegenüber steht noch die alte Pilgerherberge, heute – ähnlich wie in Santiago – ein Parador Nacional, also ein Luxushotel.

Von Santo Domingo de la Calzada sind es nur noch etwa zwei Wegstunden in Richtung Westen, dann überschreitet der Pilger die Grenze der Rioja und gelangt nach Altkastilien.

Abb. 60–63

45 Logroño, Kirche Santiago, Barockportal

46 Logroño, Kirche San Bartolomé, Hauptportal

47 Landschaft südlich von Logroño mit der Burgruine von Clavijo

48 Zisterzienserinnenkloster Cañas, die Klosterkirche von Nordosten

49 Cañas, Sarkophag der Doña Urracca Lopez de Haro im Kapitelsaal

50 Cañas, Blick in den Chor der gotischen Klosterkirche

51 Nájera, Kloster Santa Maria la Real, die Klosterkirche

52 Nájera, Kreuzgang im Kloster Santa Maria la Real

53 Nájera, Renaissance-Grotesken im Maßwerk des nebenstehenden Kreuzgangs

56 San Millán de la Cogolla, die mozarabische Klosterkirche Suso

57 Innenansicht der nebenstehenden Kirche Suso

58 a, b San Millán de la Cogolla, Kloster Yuso, Museum, Platten aus dem Elfenbeinschrein

59 San Millán de la Cogolla, Blick auf den Ort und das Kloster Yuso

60 Hühnerkäfig in der Pilgerkirche von Santo Domingo de la Calzada

61 Santo Domingo de la Calzada, Blick in den Chor der Pilgerkirche

62 a, b Santo Domingo de la Calzada, Details aus der Wurzel-Jesse-Pfeilerdekoration im Chor der Pilgerkirche

63 Santo Domingo de la Calzada, König David, Relief im Chor der Pilgerkirche

ALTKASTILIEN

Altkastilien

Geographie und Geschichte

Kastilien ist das Herzland Spaniens, eine im Durchschnitt 800 bis 900 m über dem Meeresspiegel sich ausbreitende Hochfläche mit kontinentalem Klima (lange kalte Winter und kurze heiße Sommer), die man die *Meseta* nennt. Sie ist von Randgebirgen eingefaßt und hat keinen direkten Zugang zum Meer. Seit 1983 besteht die autonome Region, mit 94 147 km^2 die größte Spaniens. Die Bevölkerungsdichte ist jedoch mit 27 Einwohnern pro km^2 gering und wird nur von der Region Kastilien-La Mancha (21 Bewohner pro km^2) unterboten. Daß die Region den Doppelnamen *Castilla y León* hat, trägt der geschichtlichen Entwicklung der Landschaften im Zentrum Spaniens Rechnung.

Schon im 9. Jahrhundert begann sich Kastilien als eigener Herrschaftsbereich zu formieren. Als erster unabhängiger Graf gilt Fernán González (931–970). 1028 annektierte Sancho III. von Navarra die Grafschaft, die nach seinem Tode sein Sohn Ferdinand erbte, der nun als König Ferdinand I. über Kastilien gebot (1035–1065). 1037 besiegte er den westlichen Nachbarn, König Bermudo III. von León. Danach kam es – meist erbbedingt – zu wiederholten Trennungen und Wiedervereinigungen von Kastilien und León, die wir hier nicht im einzelnen referieren wollen. König Alfons VI. (1071–1109), der sich als Erbe der westgotischen und asturischen Könige und damit als einzigen legitimen Herrscher über ganz Spanien betrachtete, nahm den Titel eines Imperators an. Er heiratete Konstanze von Burgund, wodurch sich Kastilien der cluniazensischen Reform öffnete, zugleich strömten zahlreiche Künstler aus Burgund auf die Iberische Halbinsel. 1085 eroberte Alfons VI. Toledo, das fortan zweite Hauptstadt Kastiliens neben Burgos war. Es gab aber auch Rückschläge. 1086 erfolgte die Invasion des Berberstammes der Almoraviden (zweite muslimische Invasion in Spanien), die Alfons VI. mehrere Niederlagen beibrachten. Des Königs wichtigster Vasall, Roderich Díaz, genannt »El Cid«, sagte sich von Kastilien los und begründete in Valencia – allerdings nur temporär – eine eigene Herrschaft.

Unter Alfons VII. (1126–1157) erlebte das kastilische Kaisertum seine große Glanzzeit. Die Könige von Navarra, Aragón und Portugal huldigten ihm. 1146 wurden die Almoraviden von den Almohaden verdrängt (dritte muslimische Invasion in Spanien). Alfons VIII. (1158–1214) legte den Kaisertitel – nicht zuletzt aus Gründen der Rücksichtnahme gegenüber dem deutschen Herrscher – wieder ab. 1196 mußte er sich bei Alarcos noch den Almohaden geschlagen geben, doch 1212 triumphierte Kastilien, das sich mit den benachbarten christlichen Königreichen verbündet hatte, bei Navas de Tolosa gegen die Almohaden. Unter Ferdinand III. dem Heiligen (1217–1252) wurden León und Kastilien für immer vereint. Zugleich gilt Ferdinand III. als der größte Held der Reconquista. Er eroberte 1236 Córdoba, 1241 Murcia, 1243 Jaén und 1248 Sevilla. Danach allerdings kam die Reconquista lange Zeit zum Stillstand. Das Reich der Almo-

haden zerfiel, und als letzter arabischer Staat auf der Iberischen Halbinsel entstand die kleine, aber kulturell blühende Herrschaft von Granada. Ferdinand III. hatte Beatrix, die Tochter Philipps von Schwaben geheiratet. Als Deutschland nach dem Tod des letzten Staufers, Kaiser Friedrich II., in die herrscherlose Zeit des Interregnums stürzte, wurde deshalb Alfons X. der Weise (1252–1284), der Sohn Ferdinands III. und der Beatrix, zum König in Deutschland gewählt. Er nahm die Wahl huldvoll an, stattete jedoch Deutschland niemals einen Besuch ab und legte den Titel 1272 auf Druck des Papstes wieder nieder. Peter I. der Grausame (1350–1369) paktierte im Hundertjährigen Krieg mit den Engländern, sein Halbbruder und Kontrahent Heinrich von Trastámara dagegen verbündete sich mit Frankreich. 1369 besiegte Heinrich Peter I. bei Montiel und bestieg den Thron Kastiliens (1369–1379), wo er das Haus Trastámara begründete. Mit Heinrich IV. (1454–1474) erlosch das Haus Trastámara in seiner männlichen Linie. Heinrich IV. setzte seine Schwester Isabella als Nachfolgerin ein. Sie heiratete 1469 Ferdinand von Aragón und herrschte nach dem Tod ihres Bruders über Kastilien (1474–1504). Als ihr Gatte Ferdinand 1479 König von Aragón wurde, entstand das geeinte spanische Königreich. Spanien wurde nun binnen weniger Jahre zum »Land des Glaubensfanatismus« (Ploetz). Juden und Mauren wurden verfolgt, die Inquisition erneuert, 1483 erhielten die Herrscher vom Papst den Titel »Katholische Könige«. Spanien stand jetzt auf der Schwelle zur Weltmacht. 1492 kam die Reconquista mit der Eroberung Granadas zum Abschluß, im selben Jahr entdeckte Christopher Kolumbus die Neue Welt.
1496 fand eine spektakuläre Doppelhochzeit statt. Das junge spanische Herrscherhaus verband sich damals mit dem ebenfalls stockkonservativen Geschlecht der Habsburger. Margarete von Österreich wurde mit dem Thronfolger Juan, dessen Schwester Johanna, die man später (fälschlich!) die Wahnsinnige genannt hat, mit Philipp dem Schönen vermählt. Juan starb bereits nach sechs Monaten. Damit war eine direkte Erbfolge der Katholischen Könige in Spanien erloschen. 1506 sank ebenfalls sehr jung Philipp von Habsburg ins Grab. Erbberechtigt war demnach in Spanien Karl, der älteste Sohn aus der Ehe Philipps mit Johanna der Wahnsinnigen. Nach dem Tod Ferdinands von Aragón (1516), der nach dem Heimgang Isabellas von Kastilien (1504) für zwölf Jahre Alleinherrscher in Spanien gewesen war, wählten die Granden seinen Enkel Karl als Karl I. zu ihrem König. 1519 starb in Deutschland Kaiser Maximilian I. Die Fürsten wählten nun denselben Karl als Karl V. zum neuen deutschen König. Die dynastischen Wechselfälle hatten es mit sich gebracht, daß das Haus Habsburg das Erbe in Spanien antrat und zudem ein Weltreich von nie gekannten Maßstäben gründete. 1530 wurde Karl V. in Bologna zum Kaiser gekrönt. Es war die letzte Krönung eines deutschen Herrschers in Italien. Karl V. war zugleich der erste Vertreter der absoluten Monarchie in Spanien.

Der kastilische Pilgerweg

Burgos

Burgos liegt am Rio Arlanzón. Steht man auf dessen Nordseite inmitten der die Ufer einfassenden Grünanlagen, sieht man zum Greifen nah die über den Dächern aufragenden Türme der Kathedrale. Auf dem Weg dorthin durchschreitet man den *Arco Santa Maria*. Dieses Stadttor aus dem 14. Jahrhundert wurde 1552 aufwendig erneuert. Den Durchgang überfängt ein bis an den oberen Abschluß reichender Blendbogen, darunter Nischen mit den Figuren heroischer Gestalten aus der Frühzeit Kastiliens, man sieht aber auch eine Statue Karls V. Das Ganze ist erkennbar dem Aufbau der großen Renaissancealtäre Spaniens nachempfunden.
Zentrum der alten Hauptstadt Kastiliens ist die *Kathedrale*. Sie ist deshalb einer der faszinierendsten Bauten der spanischen Gotik, weil hier das Formempfinden Frankreichs mit spanischem und deutschem Einschlag verschmolz. Es ist allerdings zu betonen, daß dieses Bauwerk seine Entstehung nicht der Pilgerbewegung verdankt. Als Bischofskirche der Hauptstadt steht sie eng in Verbindung mit der Krone Kastiliens. Dasselbe gilt für die großen Klöster vor den Toren der Stadt, das Zisterzienserinnenkloster Las Huelgas und die Kartause von Miraflores. Unabhängig davon markiert Burgos selbstverständlich einen Meilenstein auf dem Weg nach Santiago de Compostela. Die Baugeschichte ist wie bei den meisten Kathedralen vielschichtig und zieht sich über einen langen Zeitraum hin. 1212 hatte der Sieg über die Almohaden bei Navas de Tolosa dem Selbstbewußtsein der Christen im allgemeinen und Kastiliens im besonderen einen mächtigen Auftrieb verliehen. Ferdinand III. führte Kastilien damals auf Augenhöhe mit den Großmächten seiner Zeit. Die Ehe mit der Stauferprinzessin Beatrix 1219 eröffnete ihm sogar die Aussicht auf den Thron des Heiligen Römischen Reiches Deutscher Nation. Das Prestigebedürfnis des hohen Mittelalters verlangte nach einer angemessenen baulichen Manifestation dieses neuen Selbstwertgefühls.
1221 erfolgte die Grundsteinlegung durch Bischof Mauricius, der als Gesandter Ferdinands III. in Deutschland gewesen war und auf dieser Reise einige der großen gotischen Kathedralbaustellen in Frankreich kennengelernt hatte. Diese direkte Berührung herausgestellter kirchlicher Persönlichkeiten mit den in Bau befindlichen Kathedralen in Frankreich hatte vielerorts die Wirkung einer Initialzündung und erklärt, warum sich die Gotik von ihrem Entstehungsgebiet nicht gleichmäßig wie die Wasserringe um einen in einen Teich geworfenen Stein ausbreitete, sondern außerhalb Frankreichs sprunghaft mal hier, mal dort beginnt. Einer der frühesten Vertreter gotischer Bauweise beispielsweise in Deutschland ist der Dom in Magdeburg, weitab der Grenze zu Frankreich. Die Erscheinung der Kathedrale haben drei Jahrhunderte geprägt: das 13., das 15. und das 16. Jahrhundert. Allein im 13. Jahrhundert sind drei Bauphasen zu unterscheiden. Die erste umfaßt das Jahrzehnt von 1221 bis 1230 (in genau

dieser Zeit entstand ein großer Teil der Kathedrale in Amiens). Man errichtete den Chor mit Umgang und Kapellenkranz. Konkretes Vorbild soll St-Etienne in Bourges gewesen sein. In einem zweiten Bauabschnitt entstanden in der Zeit zwischen 1243 und 1260 das Querhaus und der größte Teil des basilikalen Langhauses mit dem für die französische Hochgotik kennzeichnenden dreigeschossigen Aufriß (Arkade, Triforium, Obergaden). Im dritten Bauvorgang, der unmittelbar an den zweiten anschloß und bis in das späte 13. Jahrhundert reichte, wurde der alte Chor wieder abgerissen und durch eine modernere Lösung ersetzt, zugleich entstanden die unteren Teile der Westfassade und der Kreuzgang. Erst aus dieser Zeit kennen wir den Namen eines der maßgeblichen Baumeister. Es ist dies der Meister Enrique, der ab 1255 auch am Bau der Kathedrale in León mitwirkte. Er starb 1277.

Die Errichtung der Turmhelme der Westfassade fand erst im 15. Jahrhundert statt. Den Plan lieferte der aus dem Rheinland stammende Juan de Colonia (= Hans von Köln). Dieser muß die Entwürfe zu den (damals nicht ausgeführten) Türmen des Kölner Domes gekannt haben. Die durchbrochenen Turmhelme sind eine typische Erscheinung der späten Gotik in Deutschland; berühmt sind die Beispiele in Straßburg, Freiburg, Ulm und Regensburg. So empfing die in ihrer Gesamtheit stark von französischer Gotik geprägte Kathedrale ihren Schuß deutscher Beimengung. Derselbe Hans von Köln hatte auch den Vierungsturm errichtet, der aber offenbar statisch nicht korrekt ausgeführt war, denn die Vierung stürzte 1537 ein. Am Wiederaufbau war Francisco de Colonia, ein Enkel des Hans von Köln beteiligt. Diese Baumeisterdynastie war inzwischen offenbar in Kastilien heimisch geworden. Das Resultat jedenfalls entspricht ganz der spanischen Sondergotik. Dieser neue Vierungsturm ist ein architektonisches Wunderwerk. Über einem zweigeschossigen durchfensterten Tambour geht das sternförmige Gewölbe auf, das vielfältig durchbrochen ist und deshalb in seiner Zartgliedrigkeit wie ein Spitzentuch wirkt. Unter diesem kunstvollen Gebilde ruht heute im Zentrum der Kathedrale der Nationalheld El Cid (1043–1099). Er war der genialste Stratege seiner Zeit, jedoch eine nicht unumstrittene Persönlichkeit. Zweimal war er bei Hofe in Ungnade gefallen, suchte aber jedes Mal wieder die Aussöhnung mit der Krone. Er galt den Zeitgenossen als Inbegriff des tapferen und erfolgreichen Ritters, und er war eine der großen Lichtgestalten der Reconquista.

Für unser heutiges Empfinden stört den Gesamteindruck des Innenraumes das Chorgestühl, das im 16. Jahrhundert ins Mittelschiff des Langhauses eingefügt wurde. Ähnliches sehen wir in vielen Kathedralen Spaniens. Diese für den Domklerus bestimmten Konstruktionen sind Ausdruck ungebrochener kirchlicher Macht im Zeitalter der Glaubensspaltung.

An den Chor schließt sich die *Capilla del Condestable* an. Es ist die Grabkapelle des Pedro Fernández de Velasco, Graf von Haro, und seiner Frau Doña Mencía de Mendoza, die diesen Bau 1482 initiierte. Die monumentale Kapelle, ein Oktogon, hat einen Durchmesser von 15 m und ist von einem raffinierten Sterngewölbe überfangen, dessen Mitte durchbrochen ist wie die Vierung der Kathedrale. Die aufwendige Grabtumba mit dem Doppelbildnis der Verstorbenen aus Carraramarmor, die kostbaren farbigen Fenster und die Vielzahl prachtvoller Wappen innen wie außen spiegeln den Rang und den Reichtum der Stifter wider.

Alle großen europäischen Herrscherhäuser gründeten ein Kloster, das sie zur dynastischen Grablege bestimmten. Im 12. Jahrhundert hatten die Zisterzienser dank ihrer entsagungsvollen Lebensführung Hochkonjunktur, denn die mittelalterliche Glaubensvorstellung ging davon aus, daß Gebete, die von besonders gottgefälligen Mönchen oder Nonnen gesprochen wurden, beim Erlöser ein stärkeres Gewicht hätten als die Fürsprache von solchen Geistlichen, die einen etwas komfortableren Lebenswandel pflegten. So gründete auch Alfons VII. vor den Toren von Burgos ein Kloster, *Las Huelgas*, in dem er Zisterzienserinnen ansiedelte (dieser König Alfons ist die Schlüsselfigur in Lion Feuchtwangers Roman *Die Jüdin von Toledo*). Das Kloster war im besten Sinne »multifunktional«. Zum einen diente es als Unterbringung der Töchter aus besten Kreisen, war also ein adliges Stift, dem nicht selten Prinzessinnen aus königlichem Geblüt als Äbtissinnen vorstanden. Daneben war Las Huelgas als das Hauskloster der kastilischen Könige schlechthin oft Schauplatz großer Zeremonien. Hier fanden Schwertleiten, königliche Hochzeiten und zum Teil auch Krönungen statt. In der Hauptsache aber war Las Huelgas mit der Pilgerbewegung verknüpft – in der Geschichte des Zisterzienserordens ein wahrlich ungewohnter Fall, da sich die Mönche und Nonnen des hl. Bernhard in der Regel brüsk von ihren Zeitgenossen abwandten. Las Huelgas aber stand in Verbindung mit einem nahegelegenen Pilgerhospiz, in dem die Nonnen Dienst versahen. Teile dieses Gebäudekomplexes (zumeist allerdings aus späterer Zeit) stehen heute noch und beherbergen aktuell Institute der Universität von Burgos. Das Kloster aber ist nach wie vor intakt und Heimstatt eines Konvents der Zisterzienserinnen.

Die 80 m lange Abteikirche entstand in derselben Zeit, als die Baumaßnahmen an der Kathedrale begannen (1220er Jahre), und wurde 1279 geweiht. Im Ostteil befindet sich das Pantheon der Könige von Kastilien mit zahlreichen Gräbern, von denen die meisten 1809 durch französische Soldaten geplündert wurden. Erhalten blieben indes zahlreiche Stoffe, die man den Gräbern bei deren Öffnung 1942/43 entnommen hat. Sie sind heute in einem sehenswerten Museum ausgestellt. Einzig das Stifterpaar – Alfons VIII. und seine Gemahlin Doña Leonor, eine Tochter der Eleonore von Aquitanien und ihres zweiten Mannes, König Heinrichs II. Plantagenet von England – fand im Mittelschiff seine letzte Ruhestatt. Der Klosterkomplex ist überraschend gut erhalten. Er besitzt noch seine beiden Kreuzgänge, einen aus spätromanischer und einen zweiten aus gotischer Zeit. Im Kapitelsaal wird als besondere Trophäe eine Fahne aufbewahrt, die die christlichen Ritter den Mauren während der Schlacht bei Navas de Tolosa abgenommen haben sollen.

Las Huelgas liegt südwestlich der Stadt in einem Vorort von Burgos. Entgegengesetzt befindet sich im Südosten der Stadt die auch heute noch recht einsam gelegene *Kartause von Miraflores.* 1369 war mit Heinrich II. das Haus Trastámara und damit ein neues Herrschergeschlecht auf den Thron Kastiliens gelangt. Burgos war damals nur mehr eine Nebenresidenz der kastilischen Könige, der Schwerpunkt des Reiches hatte sich längst nach Toledo verlagert. Aber Heinrich III. (1390–1406) weilte häufiger in Burgos, um in den stadtnahen Wäldern zu jagen. Er ließ sich deshalb südöstlich der Stadt ein kleines Jagdschloß errichten. Sein Sohn und Nachfolger Juan II. (1406–1454) wandelte die Baulichkeiten in ein Kartäuserkloster um. Das Ansehen der Zisterzienser hatte zu dieser Zeit gelitten, denn schon bald nach dem Tod des hl. Bernhard von Clairvaux, der den Orden der Zisterzienser zwar nicht gegründet hatte, dessen strenger Ziehvater er jedoch geworden war, lockerten die Mönche die straffe Regel. Fortan setzten die Herrscherhäuser, wenn es um ihr Seelenheil ging, lieber auf die Kartäuser. Deren Ordensgründer war zwar ebenfalls längst verblichen (Bruno von Köln starb 1101), doch hielten die Kartäuser unbeirrt an der Regel Brunos fest. Die Kartäuser nehmen eine Sonderstellung unter den Mönchsorden ein, denn sie befolgen die Regel ihres Ordensgründers bis auf den heutigen Tag ohne die geringste Abweichung. So stifteten die Visconti die Certosa von Pavia, die Burgunder Herzöge die Kartause von Champmol.

Die erste Kartause brannte kurz nach ihrer Einweihung aus. Danach erfolgte ein Neubau. Anfangs führte Hans von Köln die Arbeiten, sein Sohn Simon brachte sie nach des Vaters Tod (er starb 1466) zum Abschluß. Die Kirche ist entsprechend der besonders entsagungsvollen Regel der Kartäuser ein schlichter einschiffiger Saal. Aber kunstvolle Rippengewölbe bringen unmißverständlich zum Ausdruck, daß das Gebäude zugleich als Spiegel herrscherlichen Repräsentationswillens zu verstehen ist. Noch mehr ist diese Seite in der verschwenderischen Ausstattung zum Niederschlag gekommen – darin gleicht die Cartuja de Miraflores den oben genannten Beispielen in Italien und Frankreich. Den prachtvollen vergoldeten Hochaltar schuf der große spanische Bildhauer der Frührenaissance Gil de Siloé. Ein vielschichtiges theologisches Bildprogramm rahmt die zentrale Gestalt des Gekreuzigten. Vor dem Altar ist das Doppelgrab Juans II. und seiner Gemahlin, Isabella von Portugal, aufgestellt, gleichfalls eine Arbeit des Gil de Siloé und seiner Werkstatt. Nicht als Tote, sondern wie schlafend erscheinen die beiden Liegefiguren auf der Marmorplatte, die die Form eines sechszackigen Sterns beschreibt – Ausdruck der Zuversicht auf ein Leben nach dem Tode. Stifterin war Isabella die Katholische, die mit diesem Werk ihren Eltern huldigte. Auch für ihren jung verstorbenen Bruder, den Infanten Juan, fand sich in der Nordwand Platz für ein prunkvolles Nischengrab, in dem der Verstorbene in kniender Haltung erscheint. Sein früher Tod 1470 hatte den Weg für Isabella auf den Thron von Kastilien frei gemacht.

Abb. 64–75

Santo Domingo de Silos

Von Burgos führt der Pilgerweg geradlinig nach Westen weiter. Wir unterbrechen an dieser Stelle die Wallfahrt und laden zu einem Abstecher nach Süden ein, den im Mittelalter nur wenige Pilger unternommen haben dürften, der aber für den Kunstpilger heutiger Tage ein Pflichtprogramm ist. Das Ziel ist das *Kloster Santo Domingo de Silos*, das 60 km südöstlich von Burgos nahe den westlichen Ausläufern der Sierra de la Demanda liegt. Wenn auch nicht am Pilgerweg nach Santiago gelegen, war das Kloster dennoch das Ziel einer lokalen Wallfahrt. Gegründet wurde der Konvent in der Zeit König Reccareds Ende des 6. Jahrhunderts. Zur Zeit der arabischen Landnahme zerstört, kam es erst im 11. Jahrhundert zur Wiederbesiedlung. Der erste Abt des Klosters San Sebastián war Dominikus (nicht jener von Santo Domingo de la Calzada, natürlich auch nicht der Gründer des Dominikanerordens!). Im Jahr 1032 ist er als Novize in San Millán de la Cogolla nachgewiesen, zehn Jahre später berief ihn Ferdinand I. von Kastilien auf den Posten des Abtes von San Sebastián de Silos, wo er 32 Jahre in dieser Funktion tätig war (1041–1073). Er reorganisierte das klösterliche Leben, das am Tag seiner Ankunft auf dem Nullpunkt gestanden haben muß. Schon zu Lebzeiten genoß er den Ruf der Heiligkeit, nach seinem Tode wurde das Kloster deshalb nach ihm in Santo Domingo de Silos umbenannt, im 13. Jahrhundert folgte die offizielle Kanonisation. Auch heute leben Benediktiner in Silos – sie wurden in den 1990er Jahren weltweit berühmt mit ihren CD-Einspielungen gregorianischer Gesänge. Aus den damit erwirtschafteten Mitteln wurden die Klosterbaulichkeiten renoviert. Auf die westgotische Kirche folgte eine mozarabische, die wegen Baufälligkeit im 18. Jahrhundert abgerissen und durch einen spröden spätbarocken Neubau ersetzt wurde.

Das Kleinod des Klosters ist der romanische *Kreuzgang*. Er besteht aus zwei Galerien übereinander, eine in Spanien verbreitete Disposition. Eine Vielzahl von ornamentalen und figuralen Kapitellen ziert die gekuppelten Säulen der beiden Galerien. Die Pfeiler besetzen, ähnlich wie in Moissac, großflächige Reliefplatten von annähernd zwei mal einem Meter Größe. Sie zeigen Szenen rund um die Passion, was für die Romanik in Europa ungewöhnlich ist, in Spanien dagegen keinen Seltenheitswert besitzt. Der Stil dieser Reliefs verrät, daß offenbar über einen längeren Zeitraum am Kreuzgang gearbeitet wurde. Während man immer wieder liest, daß alle Skulpturen dieses Kreuzgangs ausnahmslos im 12. Jahrhundert entstanden seien, hat der amerikanische Forscher Meyer Schapiro schon vor längerer Zeit auf die verschiedenen Stilstufen aufmerksam gemacht und für einen Entstehungszeitraum ab etwa 1080 plädiert. Die beiden Reliefs mit den Darstellungen von Himmelfahrt und Pfingsten stehen in ihrer Flächigkeit und stereotypen Reihung der Apostel noch in engem Kontakt mit der mozarabischen Kunst und deren Vorliebe für das Ornament. Dies sind die ältesten Arbeiten, sie stammen vermutlich aus den letzten Jahren des 11. Jahrhunderts. Der Zeit um 1100 gehören die Reliefs mit den Bildern der Kreuzabnahme und der Grablegung an. Das Relief ist plastischer geformt, Überschneidungen der Figuren verraten den Beginn räumlichen Empfindens. Hier vollzieht sich der Übergang vom mozarabischen zum romanischen Stil. Leistungen der reifen Romanik sind die Reliefs mit den Darstellungen des ungläubigen Thomas und besonders des Gangs nach Emmaus, in der Christus als Jakobspilger erscheint – eine Inkunabel der spanischen Romanik wie der Jesaja von Souillac für die französische. Die Monumentalisierung der drei Gestalten, der elegante Schwung ihrer Bewegung und die großzügig komponierten Gewandungen sprechen für eine Datierung im Zeitrahmen von 1120 bis 1140. Werke der späten Romanik (Mitte 12. Jahrhundert oder kurz danach) sind schließlich die Bilder der Verkündigung und der Wurzel Jesse. Die fast freiplastische Lösung des Reliefs von seinem Grund und die barock anmutende Verspieltheit der Gewänder sind Gestaltungsprinzipien der Romanik am Vorabend des Übergangs zu den strengen Frühformen der beginnenden Gotik. So sieht man an den Reliefs dieses Kreuzgangs lückenlos alle Entwicklungsstufen romanischer Skulptur.

Abb. 76, 77

Quintanilla de las Viñas

Zwischen Santo Domingo de Silos und Burgos liegt abseits der Nationalstraße – nicht weit von dem sehenswerten kastilischen Städtchen Covarúbbias – die westgotische Einsiedelei Santa Maria de Quintanilla de las Viñas. Erhalten ist davon nur noch der Ostteil der Kirche. Diese wurde erst 1927 als ein Denkmal der Westgotenzeit identifiziert. 1952 fanden Ausgrabungen rund um das Bauwerk statt. Dabei wurden die Fundamente einer Basilika freigelegt. Jetzt stehen noch das Querhaus und der Chor. Das Monument ist in das späte 7. Jahrhundert datiert und ist eines von sechs mehr oder weniger vollständig erhaltenen westgotischen Denkmälern auf der Iberischen Halbinsel. Exemplarisch sieht man alle Merkmale, die für die Westgotenzeit charakteristisch sind:

– Der Bau ist aus großen Quadern geschichtet, darin der Architektur der Römerzeit verpflichtet;
– der Chor ist quadratisch, nicht halbrund, wie später üblich;
– im Innern trennt ein Hufeisenbogen das Querhaus vom Chor, er schwingt sich über ein Paar freistehender Säulen (zur Form und Entwicklung des Hufeisenbogens ausführlich S. 139).

Ungewöhnlich ist die Fülle des bauplastischen Dekors, die aber nicht singulär im Rahmen der westgotischen Kunst ist, sondern im Beispiel von San Pedro de la Nave (Provinz Zamora) eine auffallende Parallele besitzt. Den Außenbau zieren mehrere Reliefstreifen mit floralen und zoomorphen Motiven, das meiste davon mit christlicher Symbolik hinterlegt (Weinlaub = Christus, Pfau = Unsterblichkeit, usw.). Auch im Innern sieht man Reliefs. An den Kämpferplatten, die den Hufeisenbogen tragen, erscheinen Darstellungen von Sol und Luna. Einige vom abgebrochenen Teil der Kirche erhaltene weitere Reliefs zeigen Darstellungen Christi und der Muttergottes. Es handelt sich um kerbschnittartig ausgeführte Arbeiten. Obwohl von geringer künstlerischer Qualität, ist ihr Wert unschätzbar, stellen sie doch den bildhauerischen Brückenschlag zwischen Antike und Mittelalter dar.

Abb. 78, 79

Frómista

Auf dem Weg von Burgos nach Frómista beschreitet der Pilger heute einen vom Verkehr ungestörten Abschnitt, da für die Straßen andere Trassen gewählt wurden. Erste Station westlich von Burgos ist das Städtchen *Castrojériz*, im Mittelalter eine bedeutende Siedlung und zeitweilig Sitz des »Rates von Kastilien«. Heute liegt Castrojériz abseits der großen Verkehrswege und führt ein provinziell beschauliches Dasein. Ein knapper Tagesmarsch ist es von hier nach Frómista. Dort steht mit der Kirche *San Martín* eines der wichtigsten Denkmäler der kastilischen Romanik.

Als Gründerin des Klosters gilt Doña Sancha, die Witwe König Sanchos III. von Navarra, die sich hier bald nach dessen Tod eine neue Heimstatt schuf. Sie ihrerseits starb 1066 und vermachte einen Großteil ihres Vermögens dem Kloster in Frómista. Unklar ist es, ob zu diesem Zeitpunkt die Kirche bereits in Bau war, wie einige Forscher meinen, oder ob die Grundsteinlegung erst nach 1066 stattfand. Im 19. Jahrhundert war das Bauwerk fast zur Ruine verkommen. Es fand eine Restaurierung statt, die denkbar schlecht dokumentiert ist.

Da vieles damals radikal erneuert wurde, ist heute eine Untersuchung am Baubestand mit Vorbehalt zu bewerten, die Datierungsfrage wird wohl nicht mehr verbindlich aufzuklären sein. So viel aber scheint gewiß: San Martín ist in jedem Fall im 11. Jahrhundert entstanden und rangiert deshalb infolge seiner ungewöhnlichen Vollendung an der Spitze der Entwicklung der romanischen Kunst in Kastilien. Der Bau zeigt einerseits Berührung mit der gleichzeitigen Architektur Frankreichs, andererseits trägt er genuin spanische Züge. Das Muster einer dreischiffigen Staffelhalle hängt eng mit der westfranzösischen Romanik zusammen. Zugleich markiert San Martín – darin das kastilische Pendant zur Kathedrale im aragonischen Jaca und zur Klosterkirche Leyre in Navarra – den Beginn der Quadertechnik in Kastilien. Obwohl der Raum vor dem Chor deutlich als quadratische Vierung ausgeschieden ist, darüber erhebt sich der Vierungsturm,

besitzt die Kirche kein Querhaus, oder präziser gesagt, die nur eben angedeuteten Arme eines solchen bleiben der Halle eingebunden und fluchten nicht über die Außenwände des Langhauses. Eine solche Pseudovierung in Verbindung mit einem Pseudoquerhaus ist eine Besonderheit der spanischen Romanik.
Doch nicht nur in puncto Architektur, auch in Sachen der Skulptur nimmt San Martín einen außerordentlichen Rang ein. Den Außenbau umziehen annähernd 300 skulptierte Kragsteine mit einem ganzen Kosmos ornamentaler und figürlicher Darstellungen. Nicht minder fasziniert der Kapitellzyklus im Innern mit knapp 100 Werkstücken. Es ist ganz klar, daß an einem derartig ehrgeizigen Vorhaben mehrere Werkstätten beziehungsweise Künstler beteiligt waren. Etliche Figurenkapitelle zeigen einen archaischen, primitiven Stil. Die Figuren wirken steif und ein wenig unbeholfen. Meisterschöpfungen sind dagegen die Arbeiten des *Meisters von Frómista*. Sein schönstes Kapitell befand sich vormals im Vierungsbereich. Es wurde anläßlich der Erneuerung der Kirche im 19. Jahrhundert abgenommen, ins Museum nach Palencia gebracht und in situ durch eine Nachbildung ersetzt. Man sieht darauf sechs männliche Gestalten, nackte Heroen in wilder Bewegtheit, die zum Teil Schwerter schwingen, zum Teil Schlangen in Händen halten. In der athletischen Körperlichkeit der Kämpfer, der sicheren Erfassung ihrer Anatomie und der packenden Dramatik der gesamten Komposition ist ein Grad der Antikenannäherung erreicht, wie er der Skulptur des 12. Jahrhunderts erst wieder in den Meisterschöpfungen der Fassade von St-Gilles in der Provence gelingen sollte. Inzwischen steht fest, daß dem Künstler ein ganz bestimmtes antikes Denkmal als Vorbild diente. Damals befand sich etwa 25 km von Frómista entfernt ein römischer Sarkophag mit Szenen aus der Orestessage, auf dem genau diese Sequenz dargestellt ist. Heute steht dieser Sarkophag im Archäologischen Museum in Madrid. Mit dieser Form der Umsetzung von Antike und der Verbreitung der dort erlernten Motivsprache in der spanischen Romanik »ist ein Qualitätssprung verbunden, der als einer der Wendepunkte der europäischen Skulptur zu werten ist« (Horst Bredekamp).
Abb. 80–83

Carrión de los Condes

Von Frómista Richtung Westen weiterziehend erreicht der Pilger wenige Kilometer vor Carrión de los Condes das Dorf *Villacázar de Sirga* mit seiner gotischen Kirche Santa Maria. Hier steht unter anderem das Grab des Don Felipe, ein Meisterwerk frühgotischer Bildhauerkunst. Felipe, der jüngere Bruder König Alfons X. des Weisen, hatte eine glänzende Kirchenkarriere durchlaufen: erst Abt in Covarúbbias und in Valladolid, später Bischof von Burgo de Osma, war er zuletzt Erzbischof in Sevilla. Dann aber ließ er sich in den Laienstand zurückversetzen und heiratete, sich über alle Konventionen seiner Zeit hinwegsetzend, Christina von Norwegen, die sein königlicher Bruder als Braut verstoßen hatte.
Der Jakobspilger, der in Carrión de los Condes Einzug hält, sieht sich zuerst der Kirche *Santa Maria del Camino* gegenüber. Deren stark verwittertes Portal besitzt reich verzierte Archivolten, darüber einen Fries, in dessen Mitte die Figur Christi thront. Ihm zu Seiten sieht man die hll. drei Könige, einmal auf ihren Pferden, in der anderen Szene bei der Anbetung. Ungewöhnlich ist es, daß man den Duktus von rechts nach links lesen muß, was möglicherweise daraus resultiert, daß der Bildhauer eine seitenverkehrte Vorlage benutzt hat.
In der Ortsmitte trumpft die *Jakobuskirche* – deren Bau weitgehend erneuert ist – mit einem beachtlichen spätromanischen Portal auf. In den Archivolten erkennt man die Darstellungen unterschiedlicher Berufe: Schmied, Schuster, aber auch Musiker, eine Tänzerin und andere. Darüber legt sich ein breiter Fries über die Kirchenwand. In seiner Mitte thront in der Majestas Christus, neben ihm sind die Apostel aufgereiht. Die Christusgestalt ist eine der herausragenden Schöpfungen der späten Romanik in Kastilien. Die verschwenderische Drapierung seines Gewandes ist ein Zeugnis bildhauerischer Virtuosität, der man in Frankreich zur selben Zeit (um 1160) das Nordportal von Charlieu zur Seite stellen könnte. Dennoch scheint ein spanischer Künstler das Werk geschaffen zu haben. Die betont würdevolle Haltung des Pantokrators und sein herrscherlicher Ausdruck bilden einen herben Kontrast zu der barocken Bewegtheit seiner Kleidung. Pedro de Palol sieht in dem Meister des Christus von Carrión de los Condes denselben Künstler, der die jüngeren Reliefs im Kreuzgang von Santo Domingo de Silos geschaffen hat.
Am Ortsrand von Carrión de los Condes steht das *Kloster San Zoilo*, eine Gründung des 11. Jahrhunderts. Die bestehenden Bauten stammen aus der Zeit der Renaissance. Den Kreuzgang entwarf Juan de Badajoz. Die Benediktiner von San Zoilo waren auf die Versorgung der Pilger abgestellt. Heute befindet sich in den historischen Baulichkeiten ein komfortables Hotel.
Nicht zum mittelalterlichen Pilgerpensum, wohl aber zum Besichtigungsprogramm unserer Tage – soweit man motorisiert unterwegs ist – gehört der Abstecher in Richtung Saldaña, das 20 km nördlich von Carrión de los Condes liegt. Kurz vor dem Städtchen gelangt man nahe dem Dorf Pedrosa de la Vega zu der Ausgrabung der römischen *Villa La Ólmeda*. Hier wurden bei Erdarbeiten 1968 die Fundamente einer spätkaiserzeitlichen Villa entdeckt und ausgegraben. Praktisch alle Räume des weitläufigen Bautenkomplexes waren mit farbenprächtigen Mosaiken ausgelegt, von denen große Partien erhalten geblieben sind, eine Fläche von mehreren hundert Quadratmetern. In der Hauptsache sieht man raffinierte Ornamente und Muster. Den Hauptraum schmücken mythologische Darstellungen und bewegte Jagdszenen, wie sie in der spätrömischen Kunst beliebt waren. **Abb. 84–86**

64 Burgos, die Kathedrale von Nordwesten

65 Burgos, Stadttor Arco Santa Maria, Teilansicht

66 Burgos, spätgotischer Vierungsturm der Kathedrale

67 Burgos, Kathedrale,
Blick in die Vierung

nachfolgende Seiten
68, 69 Burgos, Kathedrale, Blick ins Gewölbe der Vierung und in das Gewölbe der Capilla del Condestable

INRI

70 Burgos, Zisterzienserinnenkloster Las Huelgas

71 Las Huelgas, der spätromanische Kreuzgang

72 Burgos, Kartäuserkloster Miraflores, Klosterkirche von Nordwesten

73 Miraflores, Kartause, Blick in den Chor der Klosterkirche mit den Stiftergräbern

b Kurze Bilde

74 Kartause Miraflores, Grab des Infanten Juan

75 Kartause Miraflores, Doppelgrab Juans II. und Isabellas von Portugal

76 Santo Domingo de Silos, Kreuzgang des Klosters

77 a–d Reliefs an den Pfeilern des nebenstehenden Kreuzgangs

80 Frómista, Pilgerkirche San Martín, Ansicht von Südosten

81 Frómista, Blick ins Innere der Kirche San Martín

85 Carrión de los Condes, Kirche Santiago, Westseite

84 Carrión de los Condes, Pilgerkirche Santa Maria del Camino, Südportal

86 Carrión de los Condes, Kirche Santiago, Ausschnitt aus dem Westportal

Die Landschaft León

87 Sahagún, Glockenturm der Klosterkirche San Tirso

88 Sahagún, Innenansicht der Klosterkirche San Tirso

89 a, b San Miguel de Escalada, mozarabische Klosterkirche

90 San Miguel de Escalada, Innenansicht der ehem. Klosterkirche

91 a, b León, San Isidoro, Reliefstatuen der hll. Isidor und Pelayo

92 León, Kirche San Isidoro, Ansicht von Süden

93 León, San Isidoro, Puerta del Cordero

94 León, San Isidoro, Puerta del Perdón

95 León, San Isidoro, Pantheon der Könige, Fresko mit der Verkündigung an die Hirten

IGE
VS
MS
RES

96 León, San Isidoro, Pantheon der Könige, Blick ins Gewölbe

97 León, San Isidoro, Pantheon der Könige, Fresko mit Christus als Pantokrator

IOHANNES
AQVILA
MATEVS OMO
MARCVS
LEO
LU
CAS
VI
TVLO

98 León, Schatzkammer von San Isidoro, Kelch der Doña Urraca

99 León, Schatzkammer von San Isidoro, Detail vom Silberschrein des hl. Isidor

100 León, Schatzkammer der Kathedrale, Bibel von 920, Evangelist Markus

101 León, Bibliothek von San Isidoro, Bibel von 960, das Kolophon

102 León, Kathedrale, Gesamtansicht von Südwesten

103 León, Kathedrale, Blick in den Chor

104 León, ehem. Pilgerhospiz San Marcos

105 Kreuzgang im nebenstehenden Pilgerhospiz

106 Astorga, Blick ins Gewölbe der spätgotischen Kathedrale

107 Astorga, Bischofspalais von Antoní Gaudí und spätgotische Kathedrale von Osten

108 Ponferrada, Eingang zur Templerburg

109 Ponferrada, Blick in den Chor der mozarabischen Kirche Santo Tomás de las Ollas

110 a, b Villafranca del Bierzo, Kirche Santiago von Westen und von Osten

111 Herbststimmung im Nationalpark des Bierzo

Galicien

112 Kloster Samos

113 Samos, barocke Westfassade der Klosterkirche

114 Portomarín, Kirche San Nicolas von Westen

115 Portomarín, Westportal von San Nicolas

116 Lugo, die römische Stadtmauer

117 a, b Lugo, Nordportal der Kathedrale mit spätromanischer Christusfigur

118 Villar de Doñas, ehem. Klosterkirche von Nordwesten

119 Villar de Doñas, Portal der ehem. Klosterkirche

Santiago de Compostela

Die Stadt und ihre Geschichte

Die Entwicklung des Ortes Santiago de Compostela ging Hand in Hand mit jener der Wallfahrt. Bald nach der legendären Auffindung des Jakobusgrabes wurde eine erste Memorialkirche über der heiligen Stätte errichtet, der noch Ende des 9. Jahrhunderts ein zweiter Bau folgte. Der Rückschlag, den die Eroberung durch Al Mansur 997 brachte, war von keiner nennenswerten Bedeutung. Im 11. Jahrhundert begann die Internationalisierung der Wallfahrt. Nun strömten Pilger aus allen christlichen Ländern Europas nach Santiago, das Anfang des 12. Jahrhunderts auf Betreiben des Bischofs Gelmírez seine Erhebung zum Erzbistum erfuhr. Mit Fug und Recht konnte Spanien nun von sich behaupten, ein apostolisches Land zu sein. Nach Einführung des Heiligen Jahres hatte Santiago einen Status erreicht, der den Ort mit Rom fast ebenbürtig machte. Im 16. Jahrhundert wurde Santiago de Compostela Sitz einer Universität. Seit der Einrichtung der autonomen Region Galicia 1983 ist Santiago zudem Hauptstadt Galiciens. 1985 wurde der Ort in das Weltkulturerbe der UNESCO aufgenommen, 2000 war Santiago eine von zwölf Kulturhauptstädten Europas.

Die Kathedrale

Baugeschichte

Der erste Kirchenbau über dem Grab des Apostels Jakobus hatte bescheidene Ausmaße. Teile seiner Grundmauern wurden in den 1950er Jahren bei Grabungen entdeckt. Dabei fand man auch die Grabplatte vom Sarkophag Bischof Theodemirs, des Bauherrn dieser ersten Kirche, der nach seinem Tode 847 unmittelbar neben der Grablege des Jakobus zur letzten Ruhe gebettet worden war. 889–899 ließ Alfons III. von Asturien eine größere Pfeilerbasilika anstelle des ersten Oratoriums errichten. Sie hatte 24 m Länge und dürfte im Aussehen jener Kirchengruppe verwandt gewesen sein, deren Vertreter heute noch in und rund um Oviedo in einem halben Dutzend Denkmäler gegenwärtig ist. Die fortschreitende Internationalisierung Santiagos und der damit zwangsläufig stetig anschwellende Pilgerstrom machten Ende des 11. Jahrhunderts den Bau einer dritten Kirche erforderlich. Die Grundsteinlegung unternahm Bischof Diego Peláez in den 1070er Jahren. Traditionell begannen die Baumaßnahmen im Chorbereich. Doch kollidierte man dort sehr bald mit dem Benediktinerkloster Antealtares, das der Eigentümer des Baugrundes war. Der König mußte eingreifen. Sein Schiedsspruch verfügte, daß die Mönche den Baugrund freizugeben hätten, im Gegenzug wurde ihnen die Aufsicht über drei Altäre in der neuen Kathedrale zugesprochen. 1088 kam das Vorhaben für etwas mehr als zehn Jahre zum Erliegen, weil sich zunächst für den vorzeitig aus dem Amt ausgeschiedenen Peláez kein geeigneter Nachfolger fand. Dafür nahm Bischof Diego Gelmírez nach seiner Wahl (1101) das

Unternehmen um so tatkräftiger wieder in Angriff. Um den Bau zügig vorantreiben zu können, soll er sogar gefangene Piraten und andere Straffällige zu den Arbeiten herangezogen haben. Auch die Pilger wurden eingespannt. Jeder hatte von unterwegs mindestens einen Stein mitzubringen und an der Baustelle abzuliefern. 1105 weihte Gelmírez die Chorkapellen. Man schließt daraus, daß zu diesem Zeitpunkt der gesamte Block der östlichen Bauteile fertig war, also nicht nur der Chor, sondern auch bereits das Querhaus. Übergangslos machte man sich an die Errichtung des Langhauses, das im wesentlichen 1128 fertiggestellt war. Gelmírez ist in seinem Ehrgeiz wohl nicht eben zimperlich zu Werk gegangen. 1117 kam es zu einem Aufstand der Stadtbewohner gegen den Bischof, der sich in seine Kathedrale flüchtete. Das Volk setzte ihm nach und bewarf ihn mit Steinen. Eingedenk des Schicksals einiger Amtskollegen, die in ähnlicher Situation zu Tode gekommen waren, suchte er sein Heil in der Flucht. Nachdem sich die Gemüter wieder beruhigt hatten, kehrte er nach Santiago zurück. Aber auch an anderen, höchsten Stellen eckte er an. Er gilt als Kopf einer Revolte gegen den König, und selbst mit dem Papst legte er sich an, indem er selbstherrlich Kardinäle ernannt hatte – ein Privileg, das einzig und allein dem Papst zusteht.

Nach Fertigstellung der Basilika kam es noch einmal zu einer längeren Bauunterbrechung. Offenbar herrschte Unklarheit darüber, wie die Westseite der Kirche aussehen sollte. Hier galt es ein Problem zu lösen: vom Chor zur Plaza de Obrodoiro neigt sich das Gelände abwärts, man mußte also einen nicht unbeträchtlichen Niveauunterschied des Bodens ausgleichen. Erst 1168 wurden die Arbeiten wieder aufgenommen. Jetzt leitete der Meister Mateo die Bauaufsicht, derselbe Künstler, der das Projekt in den 1180er Jahren mit dem Portico de la Gloria abschloß. Unter dem Westportal wurde eine geräumige Krypta als Substruktion angelegt, die seither die Bezeichnung *Catedral vieja* (Alte Kathedrale) trägt. Ihre Abmessungen sind so beträchtlich, daß man tatsächlich besser von einer Unterkirche als von einer Krypta spricht.

Mitte des 17. Jahrhunderts kam die Idee auf, das mittelalterliche Bauwerk abzureißen und durch einen barocken Neubau zu ersetzen. Ob es nun finanzielle Gründe waren oder der Respekt vor der historischen Substanz, daß man davon abließ, ist heute nicht mehr zu klären. Es kam zu einem Kompromiß. Man ummantelte die romanische Kirche mit barocken Anbauten, ohne deshalb die mittelalterliche Substanz anzutasten. So kommt es, daß die Kathedrale heute zwei grundlegend verschiedene Gesichter hat: nach außen präsentiert sich das Bauwerk als ein Denkmal des Hochbarock, im Innenraum dagegen erlebt man authentisch die Situation des 11./12. Jahrhunderts.

Der Außenbau

Beherrschend erhebt sich die barocke Fassade über der *Plaza de Obrodoiro*. Der Name des Platzes bedeutet wörtlich »Platz des Goldenen Werks« und bezieht sich auf die Barockfassade, die in ihrer filigranhaften Dekorationsfülle wie ein Werk der Goldschmiedekunst anmutet – zugleich glaubt man, es könne auch die Lichtsituation gemeint sein, die der Betrachter am Spätnachmittag und bei Anbruch der Dämmerung erlebt. Das von gelblichen Flechten überzogene Mauerwerk nimmt dann einen tief goldgelben Farbton an. Heute wirkt die Westseite der Kathedrale ungemein einheitlich, und man ahnt nicht, daß sie ihr Aussehen in zeitlich weit auseinander liegenden Perioden angenommen hat. Die Barockisierung begann in den 1660er Jahren mit dem Bau des Südturms, dem *Torre de la Campanas*, der 1670 vollendet war. Der Baumeister dieser Zeit war Domingo de Andrade. Dieser errichtete gleich anschließend neben dem südlichen Querhaus den 72 m hohen *Torre del Reloj*, der 1680 fertiggestellt war. Erst 1738 wurden die Arbeiten an der Westfassade weitergeführt. Der Architekt Fernando de Casas y Nóvoa erbaute nun nach dem Vorbild des Südturms als dessen Zwilling den Nordturm und die spätbarocke Kirchenfront zwischen diesen beiden. In einem offenen Tabernakel auf der Spitze des Fassadengiebels erscheint eine monumentale Statue des hl. Jakobus, in den drei Nischen darunter sieht man seinen Sarkophag und seine beiden engen Weggefährten Athanasius und Theodosius. Gleichfalls in der Barockzeit erhielt die Vierung einen neuen Turm, und auch die Ostansicht wurde stark verändert. Dort entstanden im 17. Jahrhundert die *Puerta Real* (1666) und die *Puerta Santa* (1611), die Heilige Pforte, die nur in den Jakobusjahren geöffnet ist. Teile des romanischen Chores waren dafür abgebrochen worden. Einige Nischenfiguren aus der Werkstatt des Meisters Mateo kamen dabei als Rahmenteile der Puerta Santa wieder zur Verwendung. Von der romanischen Substanz erscheint am Außenbau nur die Puerta de las Platerías, die wir im übernächsten Kapitel besprechen.

Abb. 120, 121

Der Innenraum

Sobald man die barocke Hülle hinter sich gelassen hat, umfängt den in die Kirche Eintretenden die Kulisse des mittelalterlichen Bauwerks. Es handelt sich um einen klassischen Vertreter der Pilgerkirche, deren Merkmale wir in der Einführung ausführlich vorgestellt haben. Deshalb nur ganz kurz in der Zusammenfassung: Das Langhaus ist eine dreischiffige Pseudobasilika, deren Seitenschiffen Emporen aufgesetzt sind. Das mit einer Tonne überwölbte Mittelschiff hat entsprechend keinen Obergaden, sondern empfängt nur eine indirekte Beleuchtung. Heute ist das Bauwerk im Innern sicher heller als zur Zeit der Errichtung, da das Mittelschiff jetzt in Gestalt der zwei großen Fenster in der Barockfassade eine zusätzliche Licht-

120 Santiago de Compostela, Westfassade der Wallfahrtskirche

121 Die Wallfahrtskirche von Osten

122 Pórtico de la Gloria

123 Innenansicht der Pilgerkirche

124 Pórtico de la Gloria, Figur des Jakobus

125 Pórtico de la Gloria, Detail des Mittelpfeilers mit der Darstellung der Trinität

126 Pórtico de la Gloria, Ausschnitt

127 Pórtico de la Gloria, alttestamentliche Propheten

128 Pórtico de la Gloria, Details aus den Archivolten des Mittelportals

129 Pórtico de la Gloria, Vorderansicht vom Sockel des Portalmittelpfeilers

130 Pórtico de la Gloria, Prophet Jeremias

131 Pórtico de la Gloria, Engel mit Auserwählten

132 Puerta de las Platerías, Gesamtansicht

133 Puerta de las Platerías, Tympanon des linken Portals

nachfolgende Seiten
134 Puerta de las Platerías, Erschaffung Adams

135 Puerta de las Platerías, König David

Asturien und der Kantabrische Weg

Asturien und der Kantabrische Weg

Der Kantabrische Weg

Parallel zum Camino Francés verlief entlang der Atlantikküste ein zweiter Pilgerweg durch Nordspanien, der allerdings weit weniger frequentiert war als der Frankenweg durchs Landesinnere. Hier zogen vor allem jene Pilger Richtung Santiago, die den ersten Teil ihrer Reise mit dem Schiff bis Soulac unternommen hatten und von dort, entlang der Côte d'Argent wandernd, bei Hendaye Spanien erreichten. Gelegentlich entschieden sich auch solche, die auf dem Camino Francés nach Santiago gelangt waren, zur Rückreise für den Kantabrischen Weg als eine reizvolle Alternative, um nicht zweimal denselben Weg zu gehen. Diese Route führte – von Osten nach Westen gesehen – zunächst ein kurzes Stück durch Navarra und dann durch das Baskenland. Im mittleren Abschnitt kam man durch Kantabrien, das erst zu Asturien, später zu Kastilien gehörte – heute ist Kantabrien eine autonome Region (mit 5289 km^2 annähernd gleich groß wie die Rioja und 99 Einwohnern pro km^2). Diese Landschaft hat dem Weg seinen Namen gegeben. Wichtigste Station war *Santillana del Mar*. Hier befand sich seit dem späten 9. Jahrhundert ein Benediktinerkloster, dessen Kirche der Märtyrerin Juliana geweiht war. Sie ist zugleich die Namensgeberin der Ortschaft, die im Spätmittelalter und in der Zeit der Renaissance zeitweilig Sommerresidenz der kastilischen Könige war. Dies veranlaßte zahlreiche Vertreter des Adels, sich gleichfalls eine Residenz in Santillana zu errichten. Der Ort hat das Bild des 15./16. Jahrhunderts in geradezu musealer Vorbildlichkeit bewahrt und bietet heute eines der attraktivsten historischen Stadtbilder ganz Spaniens. Die jetzige Erscheinung des ehemaligen Benediktinerklosters, das Ende des 11. Jahrhunderts unter die Obhut von Cluny kam, ist spätromanisch. Kirche und Kreuzgang wurden auf der Wende vom 12. zum 13. Jahrhundert errichtet und sind beide hervorragend erhalten.

Asturien – Geographie und Geschichte

Asturien ist ein niederschlagreiches, fruchtbares Hügelland, das zwischen den Kantabrischen Kordilleren und der Atlantikküste einen schmalen Streifen bildet, der in seiner Nord-Süd-Ausdehnung maximal 70 km Tiefe erreicht, in der Länge von Osten nach Westen etwa 200 km mißt und eine Fläche von 10565 km^2 besitzt. Asturien ist seit 1983 autonome Region mit der Hauptstadt Oviedo. Mit 105 Einwohnern pro km^2 ist die Bevölkerungsdichte doppelt so hoch wie in Navarra und viermal höher als in Aragón oder Kastilien.
Noch bis in das 6. Jahrhundert gehörte Asturien – der Name kommt von dem keltiberischen Stamm der *Asturi* – zum Reich der Sueben, die Ende des 6. Jahrhunderts von den Westgoten verdrängt wurden. Nachdem diese ihrerseits den Arabern das Feld räumen mußten, zogen sich die wenigen Überlebenden des Gemetzels von 711 nach Asturien zurück. Hier war man hinter dem Wall der Kantabrischen

Kordilleren einigermaßen sicher vor Nachstellungen. Pelayo, ein Mann aus westgotischem Adel († 737), erfocht 722 bei Covadonga den ersten Sieg gegen die muslimischen Invasoren, zugleich begründete er das asturische Herrscherhaus. Bereits in der Anfangssphase unternahm das junge Königreich in Gestalt seines Herrschers Alfons I. (739–757) erste Anstrengungen, seine Einflußsphäre über den geographisch eng gezogenen Rahmen des Kerngebiets von Asturien hinaus auszudehnen. Hauptstadt war damals Cangas de Onis am Fuße der Picos de Europa. Sein Nachfolger Fruela I. der Grausame (757–768) gründete Oviedo und verlegte 761 den Sitz der Regierung dorthin. Die Stadt war für anderthalb Jahrhunderte Hauptstadt des Königreichs Asturien. Thronstreitigkeiten lähmten das Reich nach dem gewaltsamen Tod Fruelas, dessen Sohn Alfons bei der Ermordung des Vaters noch ein Kleinkind war. 792 setzte sich Alfons II. der Keusche (792–842) gegen die Opposition durch und festigte die Königsherrschaft wieder. Nun begann die eigentliche Blütezeit Asturiens. Lange Regierungszeiten waren immer – eine integre Herrscherpersönlichkeit vorausgesetzt – ein Garantieschein auf Stabilität und Wachstum, so auch die Zeit Alfons II. Ihm gelang es, mehrfache Übergriffe von Feindesseite abzuwehren, das Territorium Asturiens zu sichern und auszuweiten. Bedeutende Ereignisse markieren die 50 Jahre der Herrschaft Alfons II. In erster Linie erinnern wir an die Auffindung des Jakobusgrabes in Santiago de Compostela. Der König führte zudem Asturien aus seiner Isolation, indem er diplomatische Beziehungen zu den Karolingern aufnahm.

Die Regierungszeit Ramiros I. (842–850) war demgegenüber zwar nur von kurzer Dauer, sie hat dennoch tiefe Spuren in der Geschichte hinterlassen. 844 erfochten die Asturier den Sieg bei Clavijo in jener Schlacht, in der ihnen der hl. Jakobus erschienen sein soll. Egal, ob dieses Ereignis nun stattfand oder nicht, ob es lediglich ein Scharmützel war oder tatsächlich der große Waffengang, wie die Überlieferung Glauben machen will, die christliche Seite erfuhr in jedem Fall in der Frühzeit der Reconquista ein wachsendes Selbstbewußtsein. Alfons II. starb ohne männlichen Erben – sein Beiname »der Keusche« gibt darüber Aufschluß. Sein Nachfolger wurde deshalb sein Großneffe Ordoño.

König Ordoño I. (850–866) wehrte nicht nur erneute Invasionsversuche der Mauren ab, er verhinderte auch die von den Normannen ins Auge gefaßte Eroberung Nordspaniens. Asturien streckte jetzt seine Fühler immer beharrlicher über die Kantabrischen Kordilleren nach Süden aus, und Alfons III. der Große (866–910) dehnte das Herrschaftsgebiet Asturiens bis zum Duero aus. Unter dem Druck seiner drei Söhne mußte er 910 abdanken. Garcia erbte Galicien, Fruela wurde mit Kantabrien zufrieden gestellt, als ältester der drei erhielt Ordoño II. (910–924) das Filetstück mit Asturien und den Territorien südlich der Kordilleren. 918 verlegte er den Sitz der Regierung von Oviedo nach León. Damit endete die Geschichte des unabhängigen Reiches Asturien, das nun in León, im 13. Jahrhundert in Kastilien aufging. Die Erinnerung daran, daß Asturien die Wiege des neuzeitlichen Spanien ist, bleibt indes wach. Der spanische Thronerbe trägt seit dem Mittelalter bis auf den heutigen Tag den Titel »Prinz von Asturien«.

Orte und Denkmäler

Oviedo

Im 8. Jahrhundert ist nach unserer Kenntnis im jungen Königreich Asturien nichts Herausragendes gebaut worden. Die Gründungsphase diente der Konsolidierung, in der Frühzeit ging es zunächst noch ums nackte Überleben. Mit dem 9. Jahrhundert zog die Blütezeit herauf, die rund einhundert Jahre dauerte und in drei Epochen zu gliedern ist: die Zeit Alfons II. bis zur Mitte des 9. Jahrhunderts, die Ramiranische Zeit um die Jahrhundertmitte und zuletzt die Epoche Alfons III., mit dem das asturische Zeitalter auf der Wende vom 9. zum 10. Jahrhundert zu Ende geht.

Aus der ersten Phase stammen in Oviedo verschiedene Bauten. Von der Kirche *San Tirso* ist nur der gerade Chorabschluß erhalten, in dieser Form westgotischen Vorgängerbauten verwandt. Verändert hat sich die Mauertechnik. Anstelle des Quaders erscheint nun die primitivere Form des nur grob bearbeiteten Bruchsteins.

Die zweigeschossige *Cámara Santa* ist das einzige, was von der königlichen Residenz erhalten blieb. Sie war im 9. Jahrhundert Palastkapelle und dient heute als Schatzkammer der Kathedrale (diese ist ein konventioneller gotischer Bau des 14. Jahrhunderts). Darin befinden sich zwei goldene Kreuze. Das *Cruz de los Angeles*, ein Kreuz mit gleichlangen Armen, stammt laut Inschrift aus der Zeit König Alfons II., das *Cruz de la Victoria*, ein lateinisches Kreuz, ist eine Stiftung Alfons III. aus dem Jahr 908 – auch das durch Inschrift gesichert. Beides sind Gemmenkreuze, das ältere bescheidener, das jüngere sehr aufwendig mit Edelsteinen besetzt. Sie sind als Triumphzeichen zu verstehen. Der hohe Materialaufwand belegt nicht nur die soliden Finanzen Asturiens im 9. Jahrhundert, sondern zugleich auch den hohen kulturellen Rang des kleinen Königreichs, das den Vergleich mit der Kultur der Karolinger nicht zu scheuen braucht. Das Siegeskreuz von Oviedo ist ein nationales Identifikationsobjekt der Spanier. Dieses Kreuz nämlich soll die Jungfrau Maria Pelayo vor dessen Sieg über die Araber 722 bei Covadonga gezeigt haben – natürlich noch nicht in seiner prachtvollen Gestalt mit Gold und Edelsteinen, aber den Holzkern, der dann hernach seinen edlen Beschlag erhielt (siehe Covadonga, S. 209).

Abb. 148, 149

Der stattlichste Bau aus der Zeit Alfons II. ist die Kirche *San Julian de los Prados*, auch Santullano genannt, die einstmals außerhalb der Stadt lag und heute sehr unglücklich zwischen einer Autobahn und einem gesichtslosen Neubauviertel eingeklemmt erscheint. Die Lage *extra muros* war für die Westgotenzeit typisch, an die das asturische Zeitalter ja in vielen Punkten anknüpfte. Der Bau besitzt allerdings Ausmaße, die über alles, was uns aus westgotischer Zeit erhalten ist, deutlich hinausgehen. Das ist auch der Grund dafür, daß der Raum nicht eingewölbt wurde. Das Langhaus ist eine dreischiffige Basilika mit offenem Dachstuhl, altchristlichen Basiliken nicht unähnlich. Das Querhaus ist ein eigener Raumteil, mit der Basilika lediglich durch drei Bögen verbunden. Das korrespondiert mit der gleichzeitigen karolingischen Architektur, die das Prinzip einer Durchdringung von Lang- und Querhaus ebenfalls noch nicht kannte. Die Tatsache, daß das Querhaus nicht über die Außenmauern der Basilika fluchtet, ist dagegen für die Baukunst in Spanien in der Zeit der Romanik kennzeichnend geworden. Die Kirche besitzt noch stattliche Reste ihrer ursprünglichen Ausmalung. Auch wenn die Farben im Laufe der Jahrhunderte stark verblaßt sind, gewinnt der heutige Betrachter immer noch einen lebhaften Eindruck von der einstigen Pracht dieses Baues. Im gesamten Raum schmücken aufwendige Ornamentmuster und vor allem Scheinarchitekturen die Wände. Darstellungen von Menschen oder gar szenische Zusammenhänge fehlen. Als gegenständliche Wiedergabe gewahrt man nur über dem Chorbogen das Bild des Engelskreuzes aus der Cámara Santa. Diese Form illusionistischer Architekturwiedergabe erklärt sich aus einer gewisen Skepsis gegenüber der bildlichen Darstellung – damals tobte in Byzanz der Ikonoklasmus. Formalgeschichtlich blickt diese Dekorationsform auf eine lange Tradition zurück. Ältere Beispiele kennen wir aus der Pompejanischen Wandmalerei und aus spätantiken Bauten des byzantinischen Kunstkreises, dasselbe Dekorationsprinzip begegnet uns aber auch in der gleichzeitigen karolingischen Buchmalerei.
Abb. 136, 137

König Ramiro II. ließ sich auf dem Narancoberg oberhalb von Oviedo eine Sommerresidenz errichten. Davon sind zwei Bauten erhalten. *Santa Maria de Naranco*, erst im 13. Jahrhundert in eine Kirche umgewandelt, war ursprünglich eine *Aula Regia*, ein repräsentativer Eingangs- und Empfangsraum. Im Rahmen der karolingischen Baukunst denkt man spontan an die berühmte Lorscher Torhalle als entsprechendes Pendant – und erneut zeigt es sich, daß sich das Niveau der asturischen Kunst auf Augenhöhe mit der gleichzeitigen Kunst der Karolinger bewegt. Die Halle ist zweigeschossig. Über einem gedrückten Untergeschoss erhebt sich die eigentliche Empfangshalle. Sie ist 12,7 x 4,4 m groß und 7,4 m hoch. Eine von Gurten gegliederte Tonne überwölbt den Raum. An den Wänden gewahrt man einen beträchtlichen Aufwand an bauplastischer Dekoration. Kleine Säulen sind der Wand aufgeblendet, deren Schäfte ein fein gearbeitetes Zopfmuster zeigen, das typisch ist für die asturische Kunst. Auf ihren Kapitellen sind stilisierte Löwen und Menschen dargestellt. In den Zwickelfeldern zwischen den Blendbögen, jeweils unter dem Ansatz der Gurtbögen des Gewölbes, sind Medaillons in die Wand eingelassen, darin eine stilisierte Tiergestalt. Darüber befindet sich ein hochrechteckiges Relief – mehr als ein Dutzend mal wiederholt sich das Motiv, als solle es dem Betrachter eingebläut werden. Es zeigt unter kleinen Arkaden vier männliche Gestalten, unten zwei Ritter zu Pferde, darüber zwei Priester in altchristlicher Bethaltung mit erhobenen Händen; gemeint sind die zwei tragenden Schichten der Gesellschaft: der Adelsstand und die Geistlichkeit. So war bereits im 9. Jahrhundert eine Gesellschaftsstruktur festgeschrieben, die über das Mittelalter hinaus noch hoch hinauf in die Neuzeit Bestand haben sollte. An den Stirnseiten besitzt Santa Maria de Naranco zwei kleine offene Loggien. In einer von ihnen war schon zur Zeit der Erbauung ein Altar aufgestellt. Herrschertum und Gottesgnadentum wurden gleichfalls schon in dieser Frühzeit als zwei ineinander verflochtene Faktoren verstanden.
Abb. 138–141

Nur wenige Schritte entfernt steht die Kirche *San Miguel de Lillo* (oder Liño), die einst Hofkapelle des ramirensischen Palastes auf dem Narancoberg war. Ihre Ostpartie wurde schon im Mittelalter durch ein Hochwasser eines hinter der Kirche vom Berg herabführenden Baches fortgespült. Das erklärt die gestauchte Erscheinung des Bauwerks, verstärkt wird dadurch zugleich dessen Vertikaltendenz. Dieses ist ein weiteres Merkmal der asturischen Baukunst und unterscheidet die Architektur dieser Zeit wiederum vom westgotischen Erbe. Auch hier sieht man bemerkenswerte, wenn auch grob vereinfachte Bauskulptur, vor allem die reliefierten Türpfeiler, auf denen Zirkusszenen (ein Dompteur mit seinem Löwen und ein Akrobat) und ein Herrscherbildnis erscheinen. Gearbeitet wurden diese Reliefs nach einem byzantinischen Konsulardiptychon des 6. Jahrhunderts n. Chr.
Abb. 142, 143

Santa Cristina de Lena

Rund um Oviedo finden sich weitere Denkmäler des 9. Jahrhunderts. Weniger gut erhalten sind die Kirchen Santianes de Pravia, San Pedro de Nora, San Adrian de Tuñon, San Pedro de Teverga (diese vier westlich von Oviedo) und Santiago de Gobiendes (letztere östlich von Oviedo). Drei Bauten aber sind vorbildlich erhalten, einer davon ist *Santa Cristina de Lena*. Der Kirchenbau aus der Mitte des 9. Jahrhunderts liegt 20 km südlich von Oviedo oberhalb der alten Paßstraße, die Oviedo mit León verbindet. Die Architektur ist Santa Maria de Naranco verwandt: ein einschiffiger, tonnengewölbter Saal. Abweichend von der Aula Regia auf dem Narancoberg sind die vier kleinen

rechteckigen Anbauten, zu jeder Himmelsrichtung eine. Im Osten der Kirche besitzt Santa Cristina eine liturgische Bühne, der Ikonostase byzantinischer Kirchen ähnlich. Drei frei aufgestellte Arkaden trennen sie vom Laienraum. Ihr sind zwischen den beiden mittleren Säulen Chorschrankenplatten vorgeblendet, die möglicherweise jünger sind als die Kirche. Sie sind den Reliefs in San Miguel de Escalada (10. Jahrhundert) ähnlich, in ihrer Kunstfertigkeit jedoch qualitätvoller.
Abb. 144

San Salvador de Valdediós

Etwa 30 km östlich von Oviedo steht heute auf freiem Feld und in enger Nachbarschaft mit einer romanischen Zisterzienserabtei die vormalige Klosterkirche *San Salvador de Valdediós*. Sie wurde um 890 errichtet und im Jahr 893 geweiht, wie eine am Bauwerk erhaltene Inschrift wortreich berichtet. Der Akt muß von hoher Bedeutung gewesen sein, denn zum Teil waren die sieben anwesenden Bischöfe von weither angereist, der Bischof von Saragossa etwa oder sein Amtskollege aus dem portugiesischen Coimbra. Tatsächlich handelt es sich um einen Bau, der mit der Herrscherdynastie in enger Verbindung steht. Alfons III. hat das Erlöserkloster gestiftet. Nachdem ihn seine Söhne abgesetzt hatten, zog sich der entmachtete König 910 hierher zurück.
San Salvador ist eine dreischiffige Basilika mit einer querrechteckigen Vorhalle und drei flach geschlossenen Apsiden im Osten. Besonders auffällig ist die Betonung der Vertikalen in dem schmalen, aber hoch aufgehenden Mittelschiff, ein Merkmal, das auch in San Miguel de Lillo ins Auge sticht. Es sind Reste von einer einstmals offenbar aufwendigen Ausmalung zu erkennen, die in Art und Stil der Ausmalung der um ein Dreivierteljahrhundert älteren Kirche San Julian de los Prados sehr ähnlich ist. Während also in der Malerei offenbar keine nennenswerte Weiterentwicklung stattfand, sieht es im Bereich der Architektur anders aus. Wenn man außen um die Kirche herumgeht, sieht man an ihrer Ostseite kleine Zwillingsfenster, die den aus der westgotischen Kunst geläufigen Hufeisenbogen zeigen. Doch hier an einem Bau des ausgehenden 9. Jahrhunderts ist der Hufeisenbogen beileibe kein Anachronismus, vielmehr kündigt sich in dem Motiv jetzt das heraufziehende Zeitalter der mozarabischen Kunst des 10. Jahrhunderts an.
Abb. 145

Cangas de Onis und Covadonga

Die vorstehend aufgeführten Kirchen sind heute gern besuchte Ziele des Bildungsreisenden – dem Pilger des Mittelalters dürften sie von geringerer Bedeutung gewesen sein. Der Abstecher nach Covadonga aber gehörte zum Pflichtpensum aller, die den Kantabrischen Weg beschritten. Auf dem Wege dorthin kommt man durch das Städtchen Cangas de Onis, das vor Oviedo Sitz des Königs von Asturien war. Eine imposante Brücke – ein romanischer Bau, der eine römerzeitliche Brücke ersetzte – überspannt hier den Rio de Sella. Unter dem mächtigen Bogen hängt eine Nachbildung des Siegeskreuzes von Oviedo.
Covadonga ist eine nationale Wallfahrtsstätte. Von den mittelalterlichen Bauten ist nichts mehr vorhanden. Die *Marienkirche* ist ein kühler Bau der Neoromanik, erbaut 1877–1901, aber dorthin geht ohnehin kaum jemand. Die Besuchermenge strömt zur Grotte, zur *Cueva Santa*, mit dem gleichfalls neuzeitlichen Standbild der *Virgen de las Batallas*, der Jungfrau der Schlachten. Hier soll die Muttergottes Pelayo im Jahr 722 erschienen sein, als dieser sich mit den Arabern schlug. Sie zeigte ihm ein hölzernes Kreuz und versicherte ihn des Sieges. Dieses Kreuz wurde später mit Gold beschlagen und mit Edelsteinen belegt und ist heute in der Cámara Santa in Oviedo ausgestellt. Die Parallele zu der Vision, die Konstantin der Große im Jahr 312 am Vorabend der Schlacht an der Milvischen Brücke hatte, ist leicht erkennbar. Dem Kaiser soll im Traum ein Engel erschienen sein, der ihm das Kreuz zeigte und ihm prophezeite: *in hoc signo vinces* (unter diesem Zeichen wirst du siegen). So geschah es denn auch, anstelle der üblichen Standarten ließ Konstantin nur ein schlichtes Kreuz seinem Heer vorantragen – und errang den Sieg über seinen Widersacher Maxentius.

Das *Siegeskreuz* von Covadonga beziehungsweise von Oviedo ist ein mythisches Symbol. Es ist im Zentrum des heutigen Staatswappens von Spanien abgebildet. Als Pelayo im Zeichen des Kreuzes seinen Sieg errang und damit das Zeitalter der Reconquista einläutete, war vom hl. Jakobus in Spanien noch nicht die Rede. Nach der wundersamen Auffindung seines Grabes wurde er zur Identifikationsfigur der Christen im Kampf gegen den Islam. Wir sehen es heute eher mit gemischten Gefühlen, daß der Apostel in der Gestalt des Matamoros zum aggressiven Kriegshelden stilisiert wurde. Aus der Sicht des Mittelalters hat das wohl seine Berechtigung gehabt. Heute halten wir uns lieber an den Jakobus, der die Menschen über alle Grenzen zusammengeführt hat und unter dessen Namen zum ersten Mal in der Geschichte das Gefühl einer europäischen Zusammengehörigkeit entstand. In diesem Sinne möge der Apostel kommenden Generationen als Leitbild dienen.
Abb. 146, 147, 149

136 Oviedo, San Julian de los Prados, Innenansicht

137 Oviedo, San Julian de los Prados von Osten

138 Oviedo, Santa Maria de Naranco,
Obergeschoß der ehem. Aula Regiae

139 Oviedo, Santa Maria de Naranco,
Ansicht der ehem. Aula Regiae

140 Oviedo, Santa Maria de Naranco,
Fenstergruppe der Schmalseite

141 Oviedo, Santa Maria de Naranco, Loggia

142 Oviedo, San Miguel de Lillo,
Detail vom inneren Türpfosten

143 Oviedo, San Miguel de Lillo, Ansicht von Südwesten

144 Santa Cristina de Lena, Ansicht von Osten

145 San Salvador de Valdediós,
die ehem. Klosterkirche von Westen

146 Covadonga

147 Covadonga, neoromanische Kirche Santa Maria

nachfolgende Seiten
148 Oviedo, Kathedrale, Cámara Santa, Cruz de los Angeles

149 Oviedo, Kathedrale, Cámara Santa, Cruz de la Victoria

Anhang

Bildlegenden

Aragón

Abb. 1
Das Tal des Rio Aragón nahe der Stadt Jaca. Im Hintergrund sind die Pyrenäen zu erkennen.

Abb. 2–4
Jaca. Jaca war Hauptstadt Aragóns, bevor dieser Rang zunächst auf Huesca, zuletzt auf Saragossa überging. Die Kathedrale (**2**) ist der erste Monumentalbau der Romanik in Aragón. Bei der Einwölbung in spätgotischer Zeit wurden einige der frühromanischen Kapitelle (**3 a, b**) abgenommen und in einem kleinen Narthex auf der Südseite der Kathedrale neu postiert. Die Beispiele hier zeigen das Opfer Isaaks und König David. Der spätromanische Sarkophag der Doña Sancha aus dem 12. Jh. (**4**) gelangte aus dem Kloster Santa Cruz de la Serós nach Jaca und steht heute in der Kirche San Salvador.

Abb. 5–6
Santa Cruz de la Serós. In dem Dorf stehen zwei romanische Bauten. San Caprasio (**5**), aus Bruchsteinen errichtet (11. Jh.), ist von der ostromanischen Baukunst Kataloniens geprägt, die Abteikirche Santa Maria (**6**) dagegen mit ihren glatten Quadern ist dem westromanischen Kunstkreis verpflichtet (12. Jh.).

Abb. 7–10
San Juan de la Peña.
Das Kloster wurde in karolingischer Zeit als Widerstandsnest gegen die Araber gegründet und diente im 11. Jh. als Grablege der Könige von Aragón. Die bestehenden Baulichkeiten stammen aus dem 12. Jh. Ungewöhnlich ist der Kreuzgang. Statt der üblichen Bedachung wird er durch einen mächtigen überhängenden Felsen (Peña) geschützt (**7, 9**). Die Kapitelle sind ausdrucksstarke Arbeiten des Meisters von San Juan de la Peña. Die Abbildungen (**10 a–d**) zeigen Eva, den Traum Josephs, das Wunder zu Kana und Christus erscheint Magdalena.

Abb. 11
Die Burg Loarre. Die Festung wurde Ende des 11. Jh. als Grenzbastion gegen die Araber errichtet. Noch vor Beendigung der Bauarbeiten verschob sich die Grenze Aragóns nach Süden. Das funktionslos gewordene Bauwerk diente fortan als Kloster.

Abb. 12
Los Mallos de Riglos. Der Name Malo (Plural Mallos) ist die aragonesische Sprachform vom spanischen Mazo, zu deutsch: Klotz.

Abb. 13–14
Agüero, Kirche Santiago. Der spätromanische Bau besteht nur aus Chor und Querhaus. Das Portal (**13**) öffnet sich zur Südseite. Es zeigt im Tympanon die Anbetung der Könige und in den Kapitellen Tierszenen sowie Musiker und eine Tänzerin; vermutlich ist der Tanz der Salome gemeint.

Navarra

Abb. 15–18
Kloster Leyre. Im 9. Jh. als Benediktinerkonvent gegründet, war Leyre das navarresische Pendant zum aragonesischen San Juan de la Peña und diente als Grablege der Herrscher von Navarra, zeitweilig auch als deren Nebenresidenz. Im 13. Jh. übernahmen Zisterzienser das Kloster. Die Kirche wurde im 11. Jh. in der damals noch wenig verbreiteten Quadertechnik als dreischiffige Halle errichtet. In der Zeit der Gotik fanden der Umbau zum Saal und die Einwölbung statt. Den Chor unterfängt eine wuchtige frühromanische Krypta (**16**). Das Westportal aus dem 12. Jh. (**17, 18**), wegen seines Figurenreichtums *Porta Speciosa* genannt, besitzt kein stringentes theologisches Programm. Im Tympanon sieht man Christus umgeben von Heiligen, in den Archivolten Tiere und pflanzliche Ornamente.

Abb. 19–22
Sangüesa, Santa Maria la Real. Alfons I. von Navarra gründete das Kloster 1131 als Teil einer Residenz. Das Bauwerk entstand im Übergang von der Spätromanik zur frühen Gotik. Während die Chorapsiden noch ganz der Romanik verpflichtet sind (**19 a**), lassen die beiden Geschosse des Vierungsturmes das Vordringen der Gotik erkennen (**19 b**). In dem nach Süden ausgerichteten Portal (**20**) sind gleichfalls beide Epochen präsent. Von der fran-

zösischen Frühgotik sind insbesondere die schlanken Gewändefiguren (21) beeinflußt, dem Prinzip der romanischen Reliefhaftigkeit sind dagegen das Tympanon mit einer Darstellung des Weltgerichts und die das Portal rahmenden Skulpturen (22) verpflichtet. In den beiden Bildstreifen des oberen Abschlusses dieser größten romanischen Fassade Navarras sieht man Apostel und andere Heilige sowie den Pantokrator – gemeint ist die Parusie (Wiederkunft Christi).

Abb. 23
Burg Javier. Der Donjon (Mitte) als ältester Teil stammt aus dem 11. Jh., die übrigen Bauteile sind spätmittelalterlich. Im 16. Jh. zerstört, erfolgte im 19. Jh. der Wiederaufbau. Hier wurde 1506 der hl. Franz Xaver geboren. Der bedeutende Jesuit missionierte in Japan und Indien.

Abb. 24–26
Artaiz, romanische Kirche San Martín. Der Bau ist eine schlichte Kapelle (24) mit einem ungewöhnlich reich verzierten Portal (25). Die Löwen zu Seiten des Türbogens zeigen unterschiedliche Wertungen. Der linke (26) verschlingt einen Menschen, der rechte dagegen legt seine Tatzen beschützend um eine am Boden liegende Gestalt.

Abb. 27–30
Pamplona, Kathedrale und Kathedralkreuzgang. Von den Römern gegründet, ist Pamplona seit dem Mittelalter die Hauptstadt Navarras. Nach dem Einsturz der romanischen Kathedrale 1390 wurde ein gotischer Neubau errichtet, der Mitte des 15. Jh. fertiggestellt war. Für einen Bau der Spätgotik muten der Innenraum (29) und sein Gewölbe (27) in ihrer auffallenden Schlichtheit geradezu altertümlich an. Der Kreuzgang (28) entstand gleichfalls im 15. Jh. und war um 1500 fertiggestellt. Ein spätgotisches Portal öffnet sich vom Kreuzgang zur Kathedrale (30). Es zeigt den Tod der Maria in den für die Kunst um 1400 typischen weichen Modellierungen.

Abb. 31–32
Pamplona, Museo de Navarra, Kapitelle aus dem zerstörten romanischen Kreuzgang der Kathedrale. Die beiden Szenen oben erzählen zwei Episoden aus dem Leben Hiobs: das Festmahl der Söhne Hiobs (darüber eine der Versuchungen Christi) und der Sturm, der das Haus der Feiernden zerstört – daraus nebenstehend ein Ausschnitt (32). Die Bilder unten zeigen zwei Szenen aus der Passion: Judaskuß und Kreuzabnahme. Die um 1145 datierten Kapitelle sind ein „Markstein innerhalb der Schöpfungen der spanischen Skulptur, ja darüber hinaus innerhalb der romanischen Kunst Europas überhaupt“ (Palol). Der Realismus und die Expressivität sind der französischen Kunst des 12. Jh. fremd. Die Arbeiten stammen von einem der bedeutendsten Bildhauer der spanischen Romanik.

Abb. 33–34
Eunate, Totenkapelle Santa Maria. Das kleine Oktogon aus dem 12. Jh. war Teil einer Komturei der Tempelritter und diente als Grab- bzw. Memorialbau für Pilger, die auf der Reise gestorben waren.

Abb. 35–36
Puente la Reina, Portal der Kirche Santiago. Die Gestalt des Archivoltenportals (12. Jh.) hängt mit der Kunst des Poitou (Westfrankreich) zusammen. Die Zackenformen der kleinen Paßbögen in der inneren Archivolte stehen dagegen unter maurischem Einfluß.

Abb. 37–42
Estella. Die Stadt, zeitweilig Nebenresidenz der Könige von Navarra, war eines der wichtigsten Etappenziele am Camino Francés und bestand im Mittelalter aus mehreren selbständigen Ortsteilen. Hoch über dem Rio Ega erhebt sich die spätromanische Kirche San Miguel (42). Ihr nach Norden gewandtes Hauptportal (37, 38) besitzt ein umfangreiches Figurenprogramm. Der Stil der Reliefs hängt eng mit der gleichzeitigen Kunst Frankreichs zusammen. Über dem einstigen Sitz der Könige (39) ragt das Kloster San Pedro de la Rúa auf (41). Erhalten sind davon die Kirche (13. Jh.) und zwei Flügel des spätromanischen Kreuzgangs (40).

Abb. 43–44
Torres del Rio, Kirche Santo Sepolcro. Der romanische Bau aus dem späten 12. Jh. (44) ist als Abbild der Grabeskirche Jesu zu verstehen. Als Memorialbau besitzt die Kirche deshalb den für diesen Bautyp kennzeichnenden zentralen Grundriß. Die kunstvoll ineinandergreifenden Bandrippen der Kuppelschale hängen von der arabischen Architektur Südspaniens ab (43).

La Rioja

Abb. 45–46
Logroño. Die Jakobuskirche (45) wurde im 17. Jh. errichtet und besitzt ein barockes Portal, in dem zweimal der hl. Jakobus erscheint: unten in der Gestalt eines Pilgers, darüber hoch zu Roß in der Rolle des Matamoros, des Maurentöters. Das Westportal von San Bartolomé (46) unterliegt französischem Einfluß.

Abb. 47
Burgruine Clavijo. An dieser Stelle besiegte König Ramiro I. von Asturien 844 ein Heer der Araber. Der Legende zufolge soll der hl. Jakobus den christlichen Rittern erschienen und sie hoch zu Roß zum Triumph geführt haben. Seither nennt man Jakobus auch den Matamoros (Maurentöter).

Abb. 48–50
Cañas, Zisterzienserinnenkloster Santa Maria del Salvador. Das Kloster wurde 1170

gegründet. Noch heute leben hier Zisterziensernonnen. Der Chor der Klosterkirche (50) wurde im 13. Jh. errichtet. Die Fenster besitzen – wie in allen Bauten des Ordens – keine farbige Verglasung. Im Kapitelsaal des Klosters steht heute der Sarkophag der Doña Urraca Lopez de Haro (49), Tochter des Klostergründers Don Lope Díaz de Haro und vierte Äbtissin in Cañas. Auf der Deckplatte ruht die Liegefigur der Toten, die Langseite zeigt die Prozession bei ihrer Beisetzung.

Abb. 51–55
Nájera, Kloster Santa Maria la Real. Das Kloster wurde 1052 von García Sanchez III. von Navarra gegründet. Die romanischen Konventsbauten wurden im 14. Jh. zerstört. 1442–1453 Neubau der Klosterkirche (51), der Kreuzgang (52) entstand in zwei Bauetappen: 1517–1528 die untere Galerie, 1571–1581 das Geschoß darüber. Das Maßwerk der Kreuzgangsbögen (53) hängt formal mit der Gotik zusammen, die Motive indes sind vom Geist der Renaissance inspiriert. In der Kirche befindet sich das im 16. Jh. neu gestaltete Pantheon mit Gräbern navarresischer Herrscher und Vertreter des hohen Adels (55). Aus der Romanik des 12. Jh. stammt der Sarkophag der Doña Sancha (54), Gattin König Sanchos III. von Kastilien, mit der Darstellung vom Tod der Königin.

Abb. 56–57
San Millán de la Cogolla, mozarabische Kirche Suso. Der äußerlich unscheinbare Bau der Klosterkirche (56) stammt aus der Mitte des 10. Jh. Im Innern der Halle trennen die für den mozarabischen Baustil kennzeichnenden Hufeisenbögen den Raum in zwei Schiffe (57).

Abb. 58 a, b
San Millán de la Cogolla, Kloster Yuso, Museum, zwei Elfenbeinplatten vom Schrein des hl. Aemilianus mit Szenen aus dem Leben des Heiligen. Das obere Relief zeigt zwei Diebe, die das Pferd des Heiligen stehlen (zur Strafe fällt ihnen ein Auge aus und sie bringen das Reittier reumütig zurück – hier nicht abgebildet), das untere zeigt einen Engel, der dem im Bett liegenden Millán dessen nahen Tod ankündigt. Die Arbeiten entstanden im Kloster Suso und sind in die Jahre zwischen 1053 und 1067 datiert.

Abb. 59
San Millán de la Cogolla, Kloster Yuso. Als Mitte des 12. Jh. die Reliquien des Klostergründers von San Millán nach Nájera überführt werden sollten, verfing sich der Sarkophag bereits nach kurzer Wegstrecke im Dickicht. Dies wurde als göttliches Zeichen gewertet und an der Stelle ein neues Kloster gegründet. Dessen Bauten stammen aus dem 16. Jh. Heute befindet sich in dem Kloster u. a. ein Museum mit Werken der Kleinkünste, die in San Millán de la Cogolla selbst entstanden sind.

Abb. 60–63
Santo Domingo de la Calzada, Pilgerkirche Santo Domingo. Der spätromanische Bau wurde 1168–1235 errichtet. Im 16. Jh. erfolgte ein Umbau. Aus dieser Zeit stammt die Chorwölbung (61). An den Pfeilern des Chores befinden sich Reliefstreifen, die u. a. eine Darstellung der Wurzel Jesse (62 a, b) und den musizierenden König David (63) zeigen. Der originelle Hühnerkäfig aus dem 16. Jh. (60), darin immer ein Hahn und eine Henne, erinnert an eines der Wunder, die der hl. Jakobus (in diesem Fall nach anderer Lesart der hl. Dominikus) gewirkt haben soll.

Altkastilien

Abb. 64–69
Burgos, Kathedrale und Arco Santa Maria. Den inneren Stadtbezirk um die Kathedrale erreicht man, indem man das Stadttor mit Namen Arco Santa Maria (65) durchschreitet. Das Bauwerk stammt aus dem 14. Jh., sein plastischer Schmuck aus der Zeit der Renaissance. Die Errichtung der gotischen Kathedrale begann 1221. Der gesamte Bau wie auch die Westfassade (64) stehen unter dem Einfluß der französischen Kunst. Die durchbrochenen Turmhelme der Westfassade aus dem 15. Jh. hängen dagegen mit der deutschen Spätgotik zusammen. Die überbordende Schmuckfreudigkeit des Vierungsturms (66) wie auch des gesamten Vierungsbereichs im Innern der Kathedrale (67) sind typischer Ausdruck für die spanische Spätgotik. Die Vierungskuppel (68) sowie das Gewölbe der an den Chor nach Osten anschließenden Capilla del Condestable (69) sind in einer großen Sternform kunstvoll durchbrochen.

Abb. 70–71
Burgos, Zisterzienserinnenkloster Las Huelgas. König Alfons VII. von Kastilien und seine Frau Eleonore gründeten das Kloster 1179 und bestimmten es zur königlichen Grablege. Seit 1187 führte die Äbtissin den Vorsitz des Generalkapitels aller Frauenklöster des Ordens in Kastilien und León. 1199 wurde die Abtei mit dem Titel »Spezielle Tochter von Cîteaux« geadelt. 1835 blieb das Kloster von der Säkularisation unberührt. Aus der Gründungszeit stammt noch der spätromanische Kreuzgang (71).

Abb. 72–75
Burgos, Cartuja de Miraflores. Juan II. von Kastilien gründete 1442 an der Stelle eines vormaligen Jagdschlosses das Kartäuserkloster, dessen Kirche er zur Grablege für sich und seine Frau Isabella von Portugal bestimmte. Der prachtvolle Hochaltar ist eine Arbeit des spanischen Bildhauers und Schnitzers Gil de Siloé (73). Das Doppelgrab der beiden Stifter (75) entstand im Auftrag

Königin Isabellas von Kastilien. Für ihren 1470 verstorbenen Bruder, den Infanten Juan, ließ sie ein Wandnischengrab erstellen (**74**).

Abb. 76–77
Kloster Santo Domingo de Silos, Blick in den romanischen Kreuzgang und vier der insgesamt acht Pfeilerreliefs. Die vier Szenen zeigen das Pfingstgeschehen und den ungläubigen Thomas, darunter den Gang nach Emmaus (Christus wird als Pilger dargestellt) und die Kreuzabnahme. Man sieht drei unterschiedliche Stilstufen in der Entwicklung der romanischen Skulptur. Die stereotype Reihung der Apostel in der Pfingstszene ist kennzeichnend für die Zeit zwischen 1080 und dem Ende des 11. Jh., die etwas bewegtere Darstellung der Kreuzabnahme repräsentiert den Stand der Skulptur um das Jahr 1100. Der reifen Romanik um 1120–1140 gehören die Reliefs mit dem ungläubigen Thomas und der Gang nach Emmaus an. Das Relief hat ein hohes Maß an Plastizität gewonnen und zeigt die Gestalten in Bewegung.

Abb. 78–79
Quintanilla de las Viñas, Kirche Santa Maria. Es handelt sich um einen der wenigen erhaltenen Bauten aus westgotischer Zeit (7. Jh.). Das Langhaus ist zerstört, es stehen jetzt nur noch der quadratische Chor und das Querschiff. Sowohl am Außenbau (**79 a**) als auch im Innern (**79 b**) befinden sich zahlreiche Reliefs, teils mit ornamentalen Mustern, teils mit figuralen Darstellungen.

Abb. 80–83
Frómista, romanische Kirche San Martín. Das Kloster ist eine Gründung der Doña Sancha, Witwe König Sanchos III. von Navarra, die hier 1066 bestattet wurde. Erhalten ist lediglich die Kirche. In der zweiten Hälfte des 11. Jh. errichtet, gehört die dreischiffige Staffelhalle zu den Gründungsbauten der Romanik in Altkastilien.
San Martín besitzt zudem den umfangreichsten Kapitellzyklus dieser Zeit in Kastilien.

Abb. 84–86
Carrión de los Condes. Von der romanischen Substanz der Jakobuskirche ist nur noch die Westseite mit ihrem Portaldekor erhalten (**85**, **86**).
Die Figur des Pantokrators (**86**) ist eine der künstlerisch ausdrucksstärksten Leistungen der spanischen Spätromanik. Im selben Ort befindet sich die Kirche Santa Maria del Camino, die ebenfalls ein romanisches Portal besitzt (**84**). Über das Archivoltenportal spannt sich ein Bildstreifen mit Darstellungen der hll. drei Könige.

Die Landschaft León

Abb. 87–88
Sahagún, San Tirso. Der Name des Ortes leitet sich vom Kloster San Facundo ab, von dem nur noch Reste vorhanden sind. Gut erhalten ist dagegen die romanische Kirche San Tirso, die aus Backstein errichtet wurde wie ebenfalls die Kirche San Lorenzo im selben Ort.
Die Form des Glockenturms (**87**) leitet sich von den almohadischen Minaretten ab.
Mit den Hufeisenbögen im Vierungsbereich (**88**) wird auch im Innenraum der Kirche arabisches Formengut zitiert – sonst in der romanischen Kunst ungebräuchlich.

Abb. 89–90
San Miguel de Escalada, mozarabische Kirche. San Miguel ist der älteste erhaltene Bau des mozarabischen Stils. Die Weihe ist für das Jahr 913 überliefert. Der Hufeisenbogen erscheint am Außenbau in den Arkaden der südlichen Vorhalle (**89 a, b**) sowie im dreischiffigen Innenraum (**90**) und im Grundriß der Chorkapellen. San Miguel ist zugleich der größte kirchliche Bau des 10. Jh. in Spanien.

Abb. 91–99
León, San Isidoro. Der Bau wurde 1066 begonnen und war Anfang des 12. Jh. fertiggestellt. Zwei romanische Portale wenden sich nach Süden und damit dem Stadtinnern zu (**92**). Die Puerta del Cordero (Tor des Lammes) zeigt ein Agnus Dei und alttestamentliche Szenen, u. a. die Isaakopferung (**93**). Zu Seiten des Portals sind Figuren der hll. Isidor und Pelayo in die Wand eingelassen (**91 a, b**). Die Puerta del Perdón (Gnadentor) schildert die Kreuzabnahme, die Frauen am Grab und die Himmelfahrt Christi (**94**).
Beide Tympana werden um 1100 datiert.
Das Pantheon der Könige von León und Kastilien befindet sich im vormaligen Narthex der Kirche. Es ist berühmt für seine romanischen Fresken, die vermutlich im ausgehenden 11. Jh. entstanden sind. Es ist der umfangreichste und besterhaltene Freskenzyklus der Romanik in Kastilien-León mit einem bilderreichen Leben-Jesu-Zyklus. Würdevoll und majestätisch erscheint das Bild des Pantokrators (**97**), verspielt dagegen und überraschend lebensnah die Szene der Verkündigung an die Hirten (**95**).
Im Kirchenschatz und in der Bibliothek von San Isidoro werden Hauptwerke der Goldschmiedekunst und der Buchmalerei aufbewahrt. Der Kelch der Doña Urraca (**98**) entstammt der Zeit um 1100, der Silberschrein des hl. Isidor aus der Mitte des 11. Jh. Dessen getriebene Reliefs schildern Szenen aus der Genesis, u. a. die Einkleidung des ersten Menschenpaares (**99**). Der Stil dieser Arbeiten steht der spätottonischen Kunst in Deutschland nahe.

Abb. 100
León, Schatzkammer der Kathedrale, mozarabische Bibel von 920, Darstellung des Evangelisten Markus. Diese Bibel ist eines der ältesten Beispiele spanischer Buchmalerei und zeigt in ihren stilisierten Illustrationen, wie stark die Kunst des 10. Jh. auf der Iberischen

Halbinsel von Vorbildern der islamisch-arabischen Welt geprägt ist.

Abb. 101
León, Bibliothek von San Isidoro, mozarabische Bibel von 960, Kolophon. Die Kolophonseite, die in der spanischen Buchmalerei am Ende eines Codex erscheint, nennt in der Regel Ort, Künstler und das Jahr der Entstehung des Buches. Hier sieht man die Künstler Florentius und Santius (Sancho) nach getaner Arbeit einander zuprosten. In der Inschrift zwischen den beiden unter dem Omega werden das Kloster Valeránica als Ort und das Jahr 960 als Datum der Entstehung der reich illustrierten Bibel genannt.

Abb. 102–103
León, Kathedrale. Grundsteinlegung 1198, doch erst 1234 Bau nach einem neuen Plan. Fertigstellung nach langer Bauzeit im 16. Jh. Die Fassade weicht von französischen Vorbildern ab. Namentlich die zu den Seiten ausgreifende Stellung der beiden Türme ist eine spanische Lösung (**102**). Das Bildprogramm der Portale mit einer Darstellung des Weltgerichts im Zentrum folgt dagegen den Kathedralen in Nordfrankreich. Die Stirnseite des südlichen Querschiffs ist ebenfalls als Fassade mit einer Dreitoranlage konzipiert. Der Innenraum ist der französischen Gotik verpflichtet. Anders als in den meisten Kathedralen ist hier auch das Triforium durchfenstert. Rund 1800 m^2 sind an orginalen farbigen Fenstern erhalten, die den besonderen Ruhm der Kathedrale in León ausmachen (**103**).

Abb. 104–105
León, ehem. Pilgerhospiz San Marcos. Der Baukomplex wurde in der ersten Hälfte des 16. Jh. auf Initiative des Santiago-Ordens errichtet. Heute befinden sich darin ein Museum und ein Luxushotel. Die langgestreckte Fassade ist eines der wichtigsten Denkmäler der Renaissance auf der Iberischen Halbinsel.

Abb. 106–107
Astorga, Kathedrale Santa Maria und Bischofspalast. Die Kathedrale wurde 1471 begonnen und um 1600 fertiggestellt. Mit diesem Bau begann das Kapitel der spanischen Spätgotik. In der Nachfolge von Astorga entstanden die Kathedralen in Palencia, Segovia und Salamanca. Neben der spätgotischen Kathedrale erhebt sich über der alten römischen Stadtmauer der von Antoní Gaudí entworfene Bischofspalast, 1889 begonnen und 1913 fertiggestellt – eines der wenigen Werke des großen Katalanen und Hauptvertreters des *modernismo* außerhalb von Barcelona.

Abb. 108–109
Ponferrada, Templerburg und mozarabische Kirche Santo Tomás de las Ollas. Der Bau der Burg (**108**) begann im 13. Jh. Nach dem Verbot des Templerordens (1312) wechselten die Besitzer mehrfach, jede Generation fügte dem Bestehenden weitere Bauteile zu.
So entstand eine der weitläufigsten Burganlagen des spanischen Mittelalters. Der Chor der kleinen Kirche Santo Tomás stammt aus dem 10. Jh. und zeigt in seinen Blendarkaden die für diese Zeit charakteristischen Hufeisenbögen (**109**).

Abb. 110
Villafranca del Bierzo, Kirche Santiago. Der kleine romanische Bau erscheint wenig spektakulär – kirchenrechtlich indes besaß die Jakobuskirche einen hohen Rang. Pilger, die von hier den Aufstieg zum Cebreiropaß nicht mehr bewältigten, erhielten bereits in Villafranca die Absolution.

Abb. 111
Herbststimmung im Nationalpark des Bierzo. In diesem Gebiet befinden sich auch *Las Médulas* (doppelseitige Abb. am Beginn des Kapitels *León*). Die bizarren Formationen entstanden als Folge des hier von den Römern betriebenen Erzabbaus.

Galicien

Abb. 112–113
Kloster Samos. Das Kloster bestand schon vor dem Einfall der Araber. Nach deren Vertreibung fand zu Beginn des 10. Jh. die Wiederbesiedlung statt. Die Baulichkeiten entstammen unterschiedlichen Epochen vom 10. bis zum 18. Jh. Beherrschender Blickfang ist die Westfassade der Klosterkiche (**113**) aus dem 18. Jh. – ein Werk des Übergangs vom Spätbarock zum Klassizismus.

Abb. 114–115
Portomarín, romanische Kirche San Nicolas. Der Bau, der ursprünglich nahe dem Miñoufer stand, wurde 1962 nach der Schaffung eines Stausees an seinen heutigen Platz überführt. Er besitzt eine schlichte Kastenform und als oberen Abschluß einen Zinnenkranz. Im Tympanon des Westportals ist die Muttergottes dargestellt.

Abb. 116–117
Lugo, Stadtmauer und Kathedrale. Die Stadtmauer aus römischer Zeit (**116**) ist die besterhaltene ihrer Art. Von einst 85 Türmen stehen heute noch 50. Von der romanischen Substanz der Kathedrale ist einzig das Nordportal (**117 a**) erhalten, darin ein spätromanischer Christus (**117 b**), der dem Pantokrator in Carrión de los Condes stilistisch nahesteht.

Abb. 118–119
Villar de Doñas, ehem. Klosterkirche San Salvador. Der romanische Bau gehörte einst zu einem Nonnenkloster, in dem die jährlichen Generalkapitel der galicischen Santiagoritter tagten. Der Kirche ist ein kleiner offener Narthex vorgeschaltet. Das Archivoltenportal stammt aus der Spätzeit der Romanik. Die eisenbeschlagenen Holztüren sind noch original (spätes 12. Jh.).

Santiago de Compostela

Abb. 120, 121, 123
Santiago de Compostela, Kathedrale. Der romanische Bau wurde im 17. und 18. Jh. vollständig in barockem Stil ummantelt. Die Arbeiten begannen um 1660, zuletzt wurde 1738 die mächtige Zweiturmfassade vollendet. Der Innenraum (123), eine Pseudobasilika mit Emporen über den Seitenschiffen ist der Gruppe der sogenannten Pilgerkirchen in Frankreich eng verwandt, besonders St-Sernin in Toulouse. Der Bau entstand in der Zeit zwischen 1070 und 1128.

Abb. 122, 124–131
Santiago de Compostela, Kathedrale, Pórtico de la Gloria des Meisters Mateo. Das bedeutendste Portal der spanischen Romanik entstand in den zwei Jahrzehnten zwischen 1168 und 1188. Auch wenn gewisse Neuerungen aus der gotischen Kunst Frankreichs zum Niederschlag gekommen sind wie die Verquickung von Tympanon und Archivoltenportal sowie der Typus der Säulenfigur im Gewände, so ist doch der Gesamteindruck weitgehend von der Romanik bestimmt. Das Bildprogramm ist christozentrisch. Den Mittelpunkt markiert die thronende Gestalt des Erlösers, wobei bis dahin voneinander verschiedene ikonographische Typen zusammenfließen: Weltenrichter, Parusiechristus, Erlöser und Wundmalechristus. In der Archivolte darüber thronen die 24 Ältesten der Apokalypse (128). Im Gewände sind Figuren alttestamentlicher Propheten (**127, von links nach rechts:** Jeremias, Daniel, Jesaja, Moses (130)) und Apostel postiert (**126, von links nach rechts:** Petrus, Paulus, Jakobus, Johannes). Eine Besonderheit ist auch der durchgehend plastisch bearbeitete Trumeau. Am Sockel befinden sich zwei geöffnete Löwenmäuler (129), zur Kirchenseite eine menschliche Gestalt, die als Selbstbildnis des Meisters Mateo interpretiert wird. Darüber ist die Wurzel Jesse dargestellt (125). Hoheitsvoll sitzt darüber die Gestalt Jakobus des Älteren, des Titelheiligen der Kathedrale (124). Im rechten Seitenportal wird das Thema des Weltgerichts aufgegriffen. Hier erscheinen in den Archivolten Gestalten der Verdammten und der Auserwählten. Engel halten schützend einige der Glückseligen, die in den Archivolten daneben Platz beziehen (131).

Abb. 132–135
Santiago de Compostela, Kathedrale, Puerta de las Platerías. Es handelt sich um ein Doppeltor ähnlich der Porte des Comtes an St-Sernin in Toulouse, mit der auch der Stil der Figuren eine auffallende Ähnlichkeit besitzt. Das Portal ist mehr als ein halbes Jahrhundert älter als der Pórtico de la Gloria. Die meisten der hier befindlichen Skulpturen sind in der Zeit um 1100 entstanden. Da Teile des im 17. Jh. ganz abgebrochenen Nordportals hierher übertragen und noch bis in das 19. Jh. romanische Stücke in die Wand vermauert wurden, läßt das Portal die stringente Geschlossenheit, die für den Pórtico de la Gloria kennzeichnend ist, vermissen. Im linken Tympanon (133) sieht man die Versuchungen Christi sowie eine Frau mit einem Totenschädel im Schoß – laut dem Pilgerführer von Aimeric Picaud eine Metapher für die Ehebrecherin. Das rechte Tympanon zeigt Passionsszenen und die Anbetung der Könige. Unter den zahlreichen anderen rings um die beiden Türen angeordneten Skulpturen fallen als besonders qualitätvoll die Szene mit der Erschaffung Adams (134) und der musizierende König David (135) auf.

Asturien und der Kantabrische Weg

Abb. 136–143
Oviedo, Kirchen des 9. Jahrhunderts. Oviedo war an dem der Atlantikküste folgenden Kantabrischen Weg die wichtigste Etappe der Pilger, die sich für diese Route entschlossen hatten. Die Stadt war seit 761 königliche Residenz, bevor dieser Rang 918 auf León überging. Ältester vollständig erhaltener Bau dieser Epoche ist die Kirche San Julian de los Prados (137), in der sich eine aufwendige Ausmalung aus der Zeit der Erbauung erhalten hat (136). Um die Mitte des 9. Jh. wurden auf dem Berg Naranco oberhalb von Oviedo als Teile einer ansonsten nicht mehr erhaltenen Residenz der Könige von Asturien die Kirchen Santa Maria de Naranco (138–141) und San Miguel de Lillo errichtet (143). Erstere war ursprünglich das Prunktor zur Palastanlage und erlebte erst später die Umwandlung zur Kirche. Ungewöhnlich für die Zeit ist der hohe Aufwand an bauplastischen Dekorationen. Ebensolche sieht man in San Miguel. Am dortigen Innenpfosten des Portals befinden sich Reliefs (142), die nach einem byzantinischen Elfenbein des 6. Jh. gearbeitet wurden.

Abb. 144
Santa Cristina de Lena. Die kleine Kirche, die etwa 20 km südlich von Oviedo einsam in den Bergen liegt, gehört zur Familie der asturischen Kirchen des 9. Jh. und bildet zusammen mit den Kirchen auf dem Narancoberg bei Oviedo die Gruppe der *ramirensischen Bauten* aus der Mitte des 9. Jh., so benannt nach König Ramiro I. (842–850).

Abb. 145
Valdediós, Kirche San Salvador. San Salvador de Valdediós ist der jüngste Bau unter den asturischen Kirchen und entstand als Teil einer nicht mehr erhaltenen Klosteranlage Ende des 9. Jh. Das Weihedatum ist für das Jahr 893 verbürgt. Stifter war König Alfons III., der sich im Jahr 910 nach der Absetzung durch seine drei Söhne hierher zurückzog.

Abb. 146–147
Covadonga. Der Ort liegt in den Kantabrischen Kordilleren unterhalb der Picos de Europa. Die neoromanische Kirche (**147**) und die nah befindliche Grotte sind eine nationale Wallfahrtsstätte. Hier soll die Muttergottes dem westgotischen Fürsten Pelayo 722 erschienen sein, bevor dieser in den Kampf gegen die Araber zog. Sie zeigte ihm das Kreuz und versicherte ihn des Sieges. In Spanien betrachtet man diese Begebenheit als die Geburt der eigenen Nation.

Abb. 148–149
Oviedo, Cámara Santa, Cruz de los Angeles (**148**) und Cruz de la Victoria (**149**). Das Cruz de los Angeles ist eine Stiftung König Alfons II. aus dem Jahr 808, das Cruz de la Victoria stiftete genau einhundert Jahre später (908) König Alfons III. Beide Kreuze vertreten den Typus der „Crux gemmata“ ohne eine Darstellung des Gekreuzigten. Es sind Siegeszeichen, wie sie in ganz Europa im Früh- und Hochmittelalter verbreitet waren. Im 20. Jh. erlitten die Kreuze, beide nationale Identifikationsobjekte der Spanier, furchtbare Schäden. 1934 traf eine Bombe die Cámara Santa. Die Kreuze wurden aus den geretteten Fragmenten rekonstruiert. 1977 fand einer der spektakulärsten Einbrüche der jüngeren Geschichte statt. Ein Dieb stahl die schlecht gesicherten Kreuze und brach einen großen Teil der kostbaren Steine heraus. Die Kreuze wurden zwar wieder aufgefunden, aber die Edelsteine sind seither verschollen. Erneut mußten die Restauratoren die Preziosen rekonstruieren. Heute ist der Bestand an originalen Teilen gegenüber den jüngeren Ergänzungen in der Minderzahl.

Daten der Geschichte Spaniens im Mittelalter

Die Zeit der Westgoten

410–415
König Ataulf führt die Westgoten nach Südgallien

415–418
König Wallia gründet das Tolosanische Reich

484–507
König Alarich II., letzter Herrscher des Tolosanischen Reiches

507
Schlacht von Vouillé: Die Westgoten werden von den Franken geschlagen; Ende des Tolosanischen Reiches; die Westgoten gründen ein zweites Reich auf der Iberischen Halbinsel

585
Die Westgoten verdrängen die Sueben, die ganze Iberische Halbinsel steht nun unter westgotischer Herrschaft

586–601
König Rekkared I. schwört 587 dem Arianismus ab und bekennt sich zum Katholizismus

7. Jh.
Blütezeit der westgotischen Kultur (Isidorianisches Zeitalter)

649–672
König Rekkeswind stellt durch Erlaß der *Lex Visigothorum* Rechtseinheit im Westgotenreich her

711
Schlacht bei Jerez de la Frontera: die Araber siegen und zerschlagen das Reich der Westgoten. Die Überlebenden fliehen nach Asturien

Das Asturische Reich

722
Sieg Pelayos über die Mauren bei Covadonga: Beginn der Reconquista

757–768
König Fruela I. der Grausame gründet Oviedo und verlegt 761 den Sitz der Regierung dorthin

792–842
König Alfons II. der Keusche, König von Asturien. Wohl bald nach dem Jahr 800 wird in Galicien das Grab des Apostels Jakobus des Älteren entdeckt

9. Jh.
Blütezeit der Asturischen Kultur

842–850
König Ramiro I. besiegt 844 die Mauren in der Schlacht von Clavijo

866–910
Alfons III. letzter König im Asturischen Reich; er dehnt Asturien bis zum Duero aus

918
Oviedo verliert den Rang der Hauptstadt an León. Ende des Asturischen Reiches, es beginnt die Geschichte des Königreichs León mit Ordoño II. als erstem König

Geschichte der Mauren in Spanien

711
Die Araber siegen über die Westgoten

732
Schlacht bei Tours und Poitiers; Karl Martel, der Großvater Karls des Großen besiegt die Araber und verhindert deren weitere Ausdehnung in Europa

756
Abd ar Rahman I. begründet die Dynastie der Omajjaden und das Emirat von Córdoba

822–852
Abd ar Rahman II. Emir von Córdoba; Festigung der maurischen Herrschaft auf der Iberischen Halbinsel; wiederholte vergebliche Versuche einer Eroberung Asturiens. Zunehmende Spannungen zwischen Christen und Moslems führen zur Abwanderung vieler Christen aus Andalusien. Es entsteht in Nordspanien Ende 9. Jahrhundert die mozarabische Kultur

912–961
Abd ar Rahman III. nimmt 925 den Kalifentitel an und begründet die einzigartige maurische Kultur in Andalusien

976–1009
Hischam II. Sein Großwesir Al Mansur erobert 987 León, 985 Barcelona und 997 Santiago de Compostela. Größte Ausdehnung der maurischen Herrschaft auf der Iberischen Halbinsel, die aber nur von kurzer Dauer ist

1010
Die Omajjaden werden gestürzt

1010–1080
Epoche der Kleinstaaterei. Das Omajjadenreich zerfällt in 23 Teilreiche, die sogenannten Taifas
1086–1146
Herrschaft der Almoraviden (zweite muslimische Invasion in Spanien)
1195–1225
Herrschaft der Almohaden (dritte muslimische Invasion in Spanien)
1212
Niederlage der Almohaden gegen die Christen in der Schlacht von Navas de Tolosa; danach kommt die Reconquista für mehr als 250 Jahre praktisch zum Stillstand
1235
Abu Abd Allah Mohammed I. Ibn Jusuf Ibn Nasir macht Granada zur neuen Hauptstadt des arabischen Schrumpfreichs in Spanien
1492
erobern die Katholischen Könige Granada, die letzte arabische Festung in Spanien; damit endet nach mehr als 700 Jahren die Reconquista

Das Königreich León

910–924
König Ordoño II. setzt den Vater Alfons III. von Asturien ab; er verlegt 918 den Sitz der Regierung von Oviedo nach León
930–950
König Ramiro II. dringt über die Sierra de Guadarrama nach Süden vor und besetzt zeitweilig Majerit (später Madrid)
987
Al Mansur erobert und zerstört León
999–1027
König Alfons V. betreibt den Wiederaufbau von León
1027–1037
König Bermudo III. Mit ihm erlischt die von Pelayo im 8. Jahrhundert begründete Dynastie. Bermudo fällt im Kampf gegen Ferdinand I. Zum ersten Mal wird León mit Kastilien vereint
1037–1065
Ferdinand I., König von Kastilien und León
1065
Nach dem Tod Ferdinands I. Reichsteilung unter seine Söhne: Sancho II. erbt Kastilien, Alfons VI. León und Garcia erhält Galicien
1072
Ermordung Sanchos II. Alfons VI. beerbt ihn, León und Kastilien erneut vereint
1126–1157
Alfons VII. Nach seinem Tod erneut Erbteilung: Alfons VIII. erhält Kastilien, Ferdinand II. erbt León
1157–1188
Ferdinand II. König von León
1188–1230
Alfons IX. König von León. Er ist mit Berenguela, der Tochter Alfons VIII. von Kastilien verheiratet; ihrer beider Sohn wird 1217 nach dem Tod König Heinrichs von Kastilien, der keinen männlichen Erben hat, König in Kastilien
1230
Nach dem Tod Alfons IX. tritt Ferdinand seine Nachfolge an. Erneut werden dadurch Kastilien und León miteinander verbunden, nun für immer

Das Königreich Navarra

778
Karl der Große zerstört Pamplona, obwohl die Stadt damals bereits von den Mauren befreit ist
im 8. Jh.
formiert sich Navarra als selbständiger Herrschaftsbereich
im 9. Jh.
beginnt sich Navarra unter dem legendären Iñigo Iñiguez Arista als ein die Pyrenäen übergreifendes Königreich zu bilden
1000–1035
Sancho III. der Große festigt das Königreich Navarra und erreicht dessen größte territoriale Ausdehnung
1035
Nach dem Tod Sanchos III. zerfällt das Reich; es entstehen die unabhängigen Königreiche Kastilien und Aragón
1072
Aragón annektiert Navarra
1134
sagt sich Navarra von Aragón wieder los
1234–1253
Theobald, Graf der Champagne, ist König von Navarra; seine Enkelin heiratet König Philipp den Schönen von Frankreich; dadurch kommt Navarra Ende des 13. Jahrhunderts an die französische Krone
1328
stirbt in Frankreich das Haus der Kapetinger aus. In Navarra wählt man Johanna, die Tochter Ludwigs X. von Frankreich zur neuen Königin; sie ist mit Philipp von Evreux verheiratet
1328–1350
Philipp, Graf von Evreux, König von Navarra
1350–1387
Karl II. der Böse
1387–1425
Karl III. der Edle vermählt seine Tochter Blanca mit Johann II. von Aragón
1425–1479
Johann II. von Aragón König in Navarra
1479–1481
Intermezzo; die Grafen von Foix sind kurzfristig Könige von Navarra
1481
kommt Navarra an das Haus Albret, aus dem Ende des 16. Jahrhunderts König Heinrich IV. von Frankreich hervorging
1512
annektiert Ferdinand von Aragón den spanischen Südteil von Navarra und vereint diesen mit Kastilien
1528
verzichtet Karl V. auf den französischen Nordteil von Navarra; dieser kommt 1589 endgültig an Frankreich

Das Königreich Aragón

734
wird Pano, das älteste christliche Widerstandsnest in Aragón von den Mauren zerstört

778
Karl der Große belagert vergeblich Saragossa; aufständische Basken vernichten die Nachhut seines Heeres bei dessen Rückzug über die Pyrenäen am Paß von Roncesvalles

im 9. Jh.
wird San Juan de la Peña zur neuen Keimzelle des christlichen Widerstands

905–925
König Sancho Garcia von Navarra erobert Aragón

Bis 1035
sind Navarra und Aragón miteinander vereint

1035–1063
Ramiro I., erster König im wieder unabhängigen Aragón

1063–1094
Sancho Ramírez annektiert Navarra

1094–1104
Peter I. befreit Barbastro und Huesca von den Mauren

1104–1134
Alfons I. erobert 1118 das muslimische Saragossa, das neue Hauptstadt von Aragón wird

1134–1137
Ramiro II., genannt der Mönch, wird von Navarra nicht anerkannt, das sich von Aragón wieder lossagt. Er verheiratet seine Tochter Petronilla mit Raimund Berengar IV. von Barcelona. Seither ist der Binnenstaat Aragón mit Katalonien vereint

1162–1186
Alfons II. erwirbt 1166 Teile der Provence

1196–1213
Peter II. der Große, Sieger von Navas de Tolosa (1212) fällt im Katharerkrieg (Schlacht von Muret 1213)

1213–1276
Jakob I. (Jaime) der Eroberer, Nationalheld der Katalanen und Aragonesen erobert die Balearen und Valencia

1276–1285
Peter III. unterwirft Sizilien

1336–1387
Peter IV. erreicht die größte territoriale Ausdehnung von Aragón/Katalonien

1410
stirbt mit Martin I. das Haus Barcelona/Aragón aus

1412–1416
Ferdinand I. aus einer Seitenlinie des Hauses Trastámara

1479–1516
Ferdinand II. heiratet 1469 Isabella, die Erbin von Kastilien; fortan sind Aragón und Kastilien miteinander vereint

Das Königreich Kastilien

931–970
Fernán González, der erste unabhängige Graf in Kastilien

1017–1028
Garcia, letzter Graf, bis

1035
fällt Kastilien an Navarra

1035–1065
Ferdinand I. ist der erste König von Kastilien

1072–1109
Alfons VI. erobert 1085 Toledo. Er sieht sich als Herrscher über ganz Spanien und nimmt den Kaisertitel an

1126–1157
Alfons VII. Glanzzeit des spanischen Kaisertums

1158–1214
Alfons VIII. legt den Kaisertitel mit Rücksicht auf den deutschen Herrscher wieder ab

1212
Sieg der christlichen Könige gegen die Araber bei Navas de Tolosa; größter Triumph der Reconquista

1217–1252
Ferdinand III. vereint 1230 León für immer mit Kastilien. Er gilt als größter Held der Reconquista; er erobert 1236 Córdoba, 1241 Murcia, 1243 Jaén und 1248 Sevilla

1252–1284
Alfons X. der Weise wird 1257 zum deutschen König gewählt, und verzichtet, ohne jemals in Deutschland gewesen zu sein, 1272 wieder auf den Titel

1350–1369
Peter I. der Grausame paktiert im Hundertjährigen Krieg mit England, während sich sein Halbbruder Heinrich von Trastámara mit Frankreich verbündet. 1369 erdolcht Heinrich Peter I. bei Friedensverhandlungen nach der Schlacht von Montiel

1369–1379
Heinrich II. von Trastámara legt den Grundstein zur rund 100 Jahre dauernden Bindung Kastiliens an Frankreich

1454–1474
Heinrich IV., letzter Sproß aus dem Haus Trastámara; er setzt seine Schwester Isabella als Erbin ein, die seit 1469 mit Ferdinand von Aragón verheiratet ist

1474–1504
Isabella Königin von Kastilien. Seit 1479 ist ihr Mann König von Aragón. Die Katholischen Könige bringen die Reconquista zum Abschluß (1492 Eroberung von Granada)

1504–1516
Ferdinand ist nach dem Tod Isabellas Alleinherrscher über Aragón/Kastilien, seit 1512 auch über Navarra. Der Prozeß der Einigung Spaniens ist zum Abschluß gekommen

1516–1556
Karl I. aus dem Haus Habsburg, der Enkel der Katholischen Könige, begründet die absolute Monarchie. Seit 1519 zugleich König Karl V. in Deutschland, seit 1530 Kaiser

Geschichte der Jakobus-Wallfahrt

um 44
Jakobus der Ältere erleidet als erster der Apostel das Martyrium; er wird in Jerusalem enthauptet

im 7. Jh.
taucht erstmals die Legende auf, wonach Jakobus in Spanien bestattet wurde

um 800
Wundersame Auffindung des Jakobusgrabes durch den Eremiten Pelayo; Bischof Theodemir von Iria Flavia bestätigt die Echtheit des Grabes. König Alfons II. von Asturien läßt eine erste Kirche über dem Grab errichten

844
In der Schlacht von Clavijo erscheint Jakobus den christlichen Rittern und führt diese zum Sieg gegen die Mauren; als *Matamoros* (Maurentöter) ist Jakobus fortan die Leitfigur der Reconquista

Ende 9. Jh.
wird der galicische Bischofssitz von Iria Flavia nach Santiago de Compostela verlegt

899
In Anwesenheit König Alfons III. von Asturien wird der zweite Kirchenbau in Santiago de Compostela geweiht

951
Besuch des Bischofs Godescalc von Le Puy in Santiago; es beginnt die Internationalisierung der Wallfahrt

997
Al Mansur erobert und zerstört Santiago; die Reliquien des Apostels bleiben indes unangetastet

im 11. Jh.
nehmen sich besonders die Mönche von Cluny der Organisation der Pilgerwege an. Es entstehen Pilgerherbergen, Hospize und eigene Pilgerfriedhöfe

1070er Jahre
Grundsteinlegung für die romanische Wallfahrtskirche

1101–1124
Bischof Diego Gelmírez. Er geht aus einem Volksaufstand 1117 gestärkt hervor und erreicht im Jahr

1120
vom Papst die Erhebung Santiagos zum Erzbistum. Zugleich wird der Ablaß für die Pilger bestätigt. Dies gilt als ein wichtiger Schritt in Richtung auf die Schaffung des Heiligen Jakobusjahres (im 15. Jahrhundert bestätigt)

1128
Die romanische Wallfahrtskirche ist im wesentlichen fertig

ca. 1140/50
verfaßt Aimeric Picaud den *Liber Sancti Jacobi*, der auch unter dem Namen *Codex Calixtinus* bekannt wurde. Heute gilt es jedoch als sicher, daß Papst Calixtus an der Schrift keinen Anteil hatte

1161
Gründung des Jakobusordens

1168–1188
Meister Mateo errichtet den Pórtico de la Gloria mit seinen spätromanischen Skulpturen als Westportal der Kirche

im 13. Jh.
pilgern viele berühmte Persönlichkeiten nach Santiago, unter anderen auch der hl. Franziskus von Assisi

14./15. Jh.
Infolge des Hundertjährigen Krieges geht der Strom der Pilger zurück, Ende des 15. Jahrhunderts kommt es aber noch einmal zu einer Neubelebung der Wallfahrt: 1463 landen in La Coruña 63 englische Schiffe mit 3000 Pilgern an Bord

16. Jh.
Reformation, Kirchenspaltung, Religionskriege führen zum Niedergang der Pilgerfahrt nach Santiago de Compostela. Im Zuge der Gegenreformation propagiert die Katholische Kirche verstärkt lokale Wallfahrten

1589
Eine englische Flotte unter Francis Drake landet in Galicien. Die Jakobusreliquien werden versteckt und gelten danach lange Zeit als verschollen

17./18. Jh.
Barockisierung am Außenbau der romanischen Kathedrale in Santiago

1879
werden die Reliquien des Jakobus im Chor der Kathedrale wiederentdeckt

1884
In der Bulle *Deus omnipotens* bestätigt der Papst die Authentizität der Reliquien. Zweifel an deren Echtheit bleiben aber bestehen

1891
werden die Reliquien des Jakobus in einen neuen Schrein gebettet, der seither in der Krypta der Kathedrale aufgestellt ist

1937
erklärt Franco Jakobus zum Patron von Spanien. Fortan ist der Jakobustag, der 25. Juli, Nationalfeiertag in Spanien

Nach 1960
Wiederbelebung der Pilgerfahrt nach Santiago

1982
Papst Johannes Paul II. besucht als erster Papst Santiago de Compostela

1983
Galicien erhält den Status einer autonomen Region; Santiago wird Sitz der Regionalregierung

1985
Die UNESCO nimmt Santiago de Compostela in die Liste des Weltkulturerbes auf

1999
Das letzte Heilige Jakobusjahr im 2. Jahrtausend

2000
Santiago de Compostela ist eine von 12 Kulturhauptstädten Europas

2004
Das erste Heilige Jakobusjahr im 3. Jahrtausend

2010, 2021
sind die nächsten Jakobusjahre

Ausgewählte Literatur

Das Schrifttum zur Jakobusbewegung ist uferlos. Wir beschränken uns hier auf die Nennung jüngerer Publikationen. Ältere Titel finden Berücksichtigung, wenn es sich um Grundlagenwerke von bleibender Bedeutung handelt. Nicht aufgeführt sind Monographien zu einzelnen Ortschaften und Denkmälern, Aufsätze, Reiseführer, Museums- und Ausstellungskataloge. Hinweise auf derartige spezielle Veröffentlichungen finden sich in den Literaturverzeichnissen einiger der nachstehend aufgeführten Publikationen.

Achim Arbeiter und Sabine Noack-Haley, *Hispania Antiqua – Christliche Denkmäler des frühen Mittelalters vom 8. bis ins 11. Jahrhundert*, Mainz 1999

Kurt Benesch, *Der Jakobsweg nach Santiago de Compostela – Spurensuche auf einer großen Pilgerstraße*, Freiburg i. Br. 1991

Yves Bottineau, *Der Weg der Jakobspilger – Geschichte, Kunst und Kultur der Wallfahrt nach Santiago de Compostela*, Bergisch-Gladbach 1987

Angel Canellas-Lopez, *Aragón roman*, (= Zodiaque – La nuit des temps), St-Pierre-qui-Vire 1971

Manuel Chamoso-Lamas u. a., *Galice romane*, (= Zodiaque – La nuit des temps), St-Pierre-qui-Vire 1973

Thorsten Droste, *Die Pyrenäen*, München 2001

Marcel Durliat, *La sculpture romane de la route de Saint-Jacques – De Conques à Compostelle*, Mont-de-Marsan 1990

Jacques Fontaine, *L'art péroman Hispanique*, (= Zodiaque – La nuit des temps), St-Pierre-qui-Vire 1973

Jacques Fontaine, *L'art préroman Hispanique – l'art Mozarabe*, (= Zodiaque – La nuit des temps), St-Pierre-qui-Vire 1977

Luís Javier Fortún (Hrsg.), *Sedes reales de Navarra*, Pamplona 1991

Sylvaine Hänsel und Henrik Karge (Hrsg.), *Spanische Kunstgeschichte – Von der Spätantike bis zur frühen Neuzeit*, Berlin 1992

Monika Hauf, *Der Jakobsweg – Das Mysterium der 1000-jährigen Pilgerroute nach Santiago de Compostela*, München 2002

Klaus Herbers, *Der Jakobsweg – Mit einem mittelalterlichen Pilgerführer unterwegs nach Santiago de Compostela*, Tübingen 1986

Klaus Herbers, *Libellus Sancti Jacobi – Auszüge aus dem Jakobsbuch des 12. Jahrhunderts*, Tübingen 1997

Natascha Kubisch, *Der Jakobsweg nach Santiago de Compostela – Unterwegs zu Kunst und Kultur des Mittelalters*, Stuttgart und Darmstadt 2002

Rolf Legler, *Sternenstraße und Pilgerweg – Der Jakobs-Kult von Santiago de Compostela: Wahrheit und Fälschung*, Bergisch Gladbach 1999

Dom Luís-Maria de Lojendio, *Navarre romane*, (= Zodiaque – La nuit des temps), St-Pierre-qui-Vire 1967

Pedro de Palol und Max Hirmer, *Spanien – Kunst des frühen Mittelalters vom Westgotenreich bis zum Ende der Romanik*, München 1965 (Nachdruck München 1991)

Dom Abundio Rodriguez u. a., *Castille romane*, (= Zodiaque – La nuit des temps), St-Pierre-qui-Vire 1956

Paolo Caucci von Saucken, *Pilgerziele der Christenheit: Jerusalem – Rom – Santiago de Compostela*, Darmstadt 1999

Heinz Schomann, *Kunstdenkmäler der Iberischen Halbinsel*, Bd. 1, Portugal und Nordspanien, Darmstadt 1996

Heinz Schomann, *Kunstdenkmäler der Iberischen Halbinsel*, Bd. 2, Zentralspanien, Darmstadt 1997

Ulrich Wegner, *Auf der Route der Sehnsucht nach Santiago de Compostela*, Freiburg i. Br. 2000

Walter M. Whitehill, *Spanish Romanesque Architecture*, Oxford 1968

Impressum

Schutzumschlag
Vorne:
Estella, Klosterkirche San Pedro de Rua, Ansicht von Nordwesten
Hinten:
Sangüesa, ehemalige Klosterkirche Santa Maria la Real, rechtes Zwickelfeld über dem Südportal mit Tierszenen aus dem romanischen Bestiarium, Markussymbol und einem Schmied

Karte und Ausschnitte
Vorsatz, S. 26, 46, 84, 108, 138, 172, 206: Abraham Cock, Ortelius, Theatrum Orbis Terrarum, 1570;
S. 184: Der hl. Jakobus aus dem Liber Sancti Jacobi, 12. Jh., Domschatz von Santiago de Compostela

Bibliografische Information der Deutschen Bibliothek
Die Deutsche Bibliothek verzeichnet diese Publikation in der Deutschen Nationalbibliografie; detaillierte bibliografische Daten sind im Internet über <http://dnb.ddb.de> abrufbar.

Texte:
Thorsten Droste

Aufnahmen:
Joseph S. Martin

Lektorat:
Dr. Veronika Birbaumer

Assistenz:
Tanja Bokelmann

Gestaltung und Produktion:
Saskia Helena Kruse, München

Karten:
Anneli Nau, München

Lithographie:
Lorenz & Zeller, Inning a.A.

Druck und Bindung:
Arti Grafiche Amilcare Pizzi Spa., Cinisello Balsamo (MI)

ISBN 3-7774-2005-0

Karte I

Die Wege der Jakobspilger durch Europa

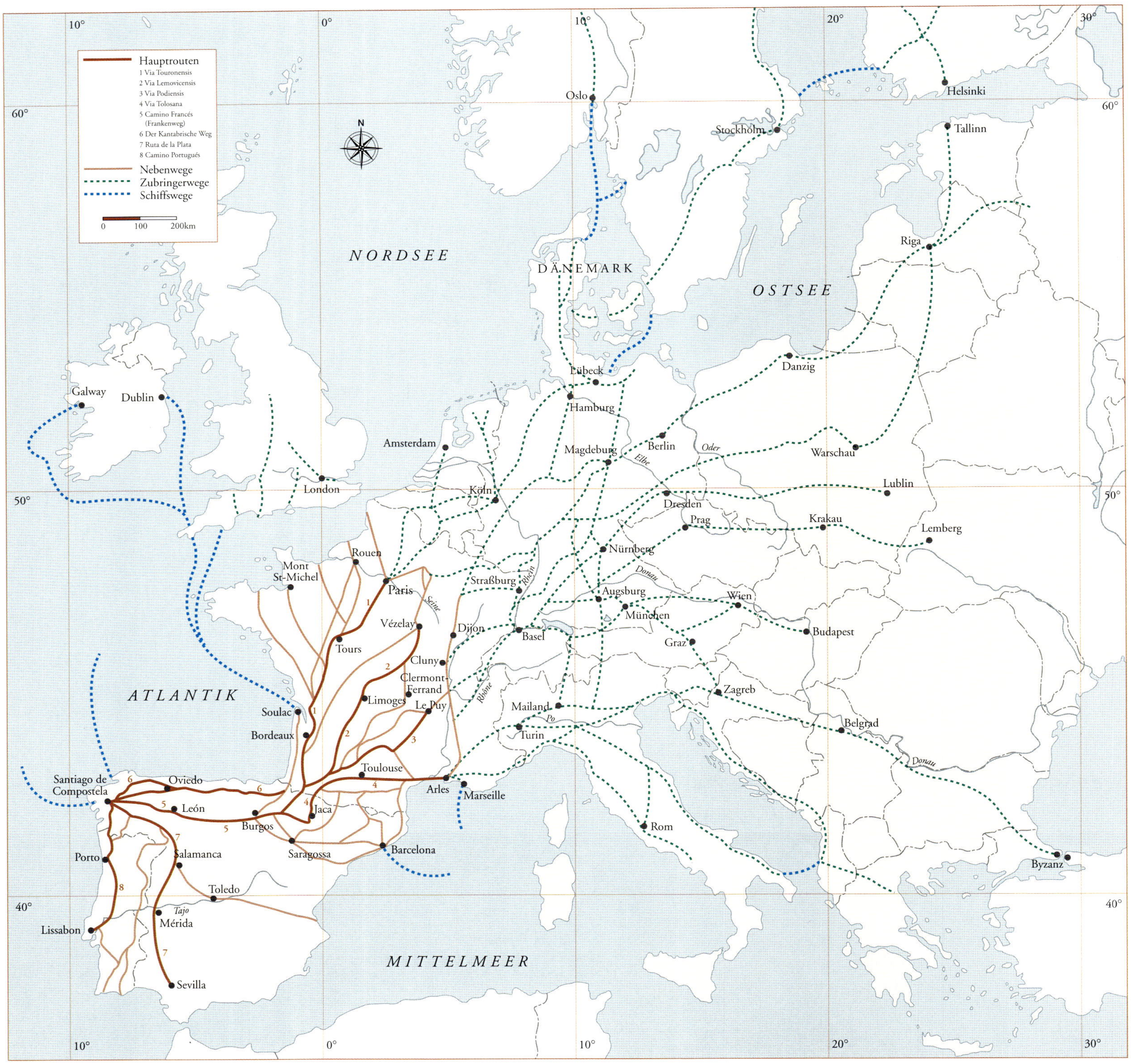

Karte II

Der Camino Francés durch Nordspanien und die wichtigsten Stationen der Jakobspilger

Scythicum prom.
Villa viciosa
Riba de sella
Castro
Laredo
Portogalete
Oviedo
Castropol
ASTU: RI: AS.
Pannaflor
Ribadeo
Ferol
Cortina
C. de Tourinian
Celticu, et Nerium Prom. re.
C. de Finisterre
Muros
Padron
SANTIAGO
GALI:
TIA.
LUGO
Puerto marin
ORENSE
PONTEVEDRA
Vigo
Yslas de Baiona Insu deorum Ptol.
LEON
LE
GIO.
Astorga
Paradela
Villa franca
Ponferrado
Valladolid
Tordesillas
Medina del campo
Medina de rio seco
Burgos
Lerma
Simancas
Toro
Zamora
Miranda
Bragança
Tallas
PORTO
Duero fl. Durius ol.
Amendra
Villar torpim
Sagrada
SALAMANCA
Alba de tormes
CIVDAD RODRIGO
Avila
SEGOVIA
Olmedo
Coca
Cuellar
Aranda
Villa real
Lamego
Viseu
Coimbra
Mira
Monte
Mondego ol. Monda fl.
Leira
Tomar
Berelenga
Baril
Ciriceira
Tancos
Santarem
Lisbona
C. de Cascais
Taio Rio Tagus fl.
Barbarium pro. C. de Spichel
Setubal
Sesimbra
Alcacer do sal
Grandola
Melides
S. Tiago
Lago de pera
Sines
Yslas de Posegueiro
Palma rio
EVORA
Evora monte
Estremoz
Portalegre
ELVAS
OLIVENÇA
BADAIOS
Albufera
Almendralejo
MERIDA
Medelin
Truxillo
Caceres
Alcantara
Plazencia
Talavera
Toledo
Escalona
CASTILI
A NOVA
Campo de Calatrava
Ciudad Real
Almagro
CASTILIA
Vera de Plazencia
Guadalupe
Herrera
Sierra Morena
Villa real
Guadiana rio
Campo de Alcocer
Cabeça de buey
Belalcaçar
Ynojosa
Fuente ovejuna
Llerena
Alcudia
ESTREMADURA
Zafra
Xeres
Cazalla
Constantina
Palma
Ecija
Lora
CORDVA
Andujar
Linares
Baeça
Jaen
Martos
Alcala Real
Baena
Cabra
Priego
Montilla
Moura
Serpa
BEIA
GVADIANA
Mertola
ANTRE TEIO E GVADIANA
Alcoutim
Tavira
Castel blanco
Aracena
Corte da pinto